REFLEXÕES SOBRE O AGRAVAMENTO DO RISCO NOS SEGUROS DE DANOS

ERNESTO TZIRULNIK

REFLEXÕES SOBRE O AGRAVAMENTO DO RISCO NOS SEGUROS DE DANOS

2ª EDIÇÃO

REVISTA E ATUALIZADA

RONCARATI EDITORA

CONTRACORRENTE

CONTRACORRENTE

Editora Contracorrente

Alameda Itu, 852, 1º andar
01421-002, São Paulo/SP
Tel: +55 11 3675-4796
www.loja-editoracontracorrente.com.br
contato@editoracontracorrente.com.br

RONCARATI EDITORA

Editora Roncarati Ltda.
Av. Nove de Julho, 5049 – Sala 5d
01407-200 – São Paulo/SP – Brasil
Tel.: +55 11 3071-1086
www.editoraroncarati.com.br
contato@editoraroncarati.com.br

Dados Internacionais de Catalogação na Publicação (CIP)
(Câmara Brasileira do Livro, SP, Brasil)

Aline Graziele Benitez – Bibliotecária – CRB-1/3129

Tzirulnik, Ernesto

Reflexões sobre o agravamento do risco nos seguros de danos / Ernesto Tzirulnik. – 2. ed. – São Paulo: Editora Contracorrente, 2021.

ISBN 978-65-88470-99-2

1. Direito de seguros – Brasil 2. Risco (Seguros) 3. Seguros – Brasil I. Título.

21-84053 CDU-34:368(81)

Índices para catálogo sistemático:

1. Brasil: Direito de seguros 34:368(81)

Este livro foi literalmente escrito no susto. Agradeço o apoio vital do Raul Dahas de Carvalho Neto, do Mário Conti, da Lili Tuneu Tzirulnik e das minhas filhas e genros, assim como a extraordinária contribuição da Inaê Siqueira de Oliveira, do Fernando Schnaid e do Rafael Valim. Esta segunda edição contou, também, com o apoio da Carolina Cavalcanti e do Luca Giannotti.

Dedico estas reflexões
aos meus netos Eva, Isaac, Leona e Roman,
e aos meus filhos Ilana, Tayla, André, Jeffrey e Wojtek;
que o vento as espalhe e possam contribuir para
melhorar a vida da sociedade brasileira.

SUMÁRIO

REFLEXÕES SOBRE O AGRAVAMENTO DO RISCO NOS SEGUROS DE DANOS

CERTA VEZ DECLAREI A UMA JORNALISTA que jamais havia lido uma apólice de seguro. Vinha atuando por décadas como advogado e consultor de seguradoras e resseguradoras. Essa declaração acabou sendo utilizada por adversários em um processo judicial para sustentar que minha crítica a determinada apólice era fruto dessa *costumeira negligência confessada*. De lá para cá, continuo casto. Não me interessam as apólices, nem o amontoado autoritário de leis, decisões judiciais e doutrina que costuma caracterizar certos livros jurídicos de grande aceitação, ou obras escritas e palestras em que a advocacia se traveste com figurino acadêmico, formando mal os crendeiros. Livrem-nos das circulares e resoluções que vêm destruindo sistematicamente as conquistas cidadãs. A operação jurídica requer sensibilidade e conhecimento dos princípios e das regras básicas da regência social. Costuma impressionar-me o discurso clarividente sobre institutos jurídicos com os quais lido cotidianamente, feito por leigos, e penso: "se fizer um curso de direito vai empostar a fala e perder a clareza".

No início dos anos 1980, criei e dirigi o departamento jurídico da Companhia de Seguros Aliança da Bahia, sem dúvida uma das mais técnicas seguradoras brasileiras de grandes riscos. A Aliança mantinha-se, já por vários anos, líder do seguro multirrisco da Itaipu Binacional S.A., que empreendia a maior obra de infraestrutura da América do Sul. O seguro oferecia garantia para praticamente todos os tipos de risco que ameaçavam os agentes econômicos ali envolvidos. Era um seguro só dos ramos Transporte, Responsabilidades diversas, riscos de engenharia, fabricação de equipamentos, fidelidade, testes etc. Mas não havia uma apólice. O conteúdo do complexo seguro compunha-se das boas práticas securitárias e das atas de reuniões entre os técnicos da seguradora e dos segurados. Aquilo contrariava tudo que eu havia lido para habilitar-me ao emprego. Muitos chegavam a ensinar que o seguro era um contrato solene, outros que era formal. Mas assim, no fio do bigode, ninguém. A boa-fé objetiva ainda não havia chegado ao ensino jurídico. Talvez por isso eram tempos em que ela acontecia naturalmente. Meu superior hierárquico, vice-presidente técnico da companhia, Sr. Fernando Lopes Nunes, percebendo minha hesitação, cuidou de explicar que o segredo era fazer boas perguntas aos segurados para bem conhecer os interesses que os motivavam a contratar o seguro; dar-lhes boas orientações; fazer as inspeções necessárias e acompanhá-los na experiência com o risco, sempre que possível, para evitar desvios de percurso; e provê-los com as soluções possíveis, além de sempre lembrar que o mais importante é unir o interesse que se assegurou à regra de hermenêutica *in dubio pro segurado*. Uma entrevista que mudou minha vida. Meu orientador já faleceu. As práticas cuidadosas da Aliança desapareceram, ela própria definhou, mas o seguro, maltratado pela exagerada financeirização dos negócios do último quarto de século, continua vivo. A técnica, os princípios jurídicos e a ética negocial nunca morrem com os homens, nem podem morrer com as inovações, as modas e as crises econômicas. Isso seria apagar a história e comprometer o futuro da humanidade. De que adianta deixarmos um punhado de ouro para os filhos viverem num mundo inseguro, doente e caótico?

Durante minha presença na seguradora, foi escrita a primeira versão da apólice multirrisco de Itaipu, com a instituição da garantia de "responsabilidade civil cruzada", entre outras novidades. Quando deixei a companhia e abri meu escritório, fui chamado a escrever muitas apólices para diferentes seguradoras. Após aprovadas pelas diretorias das clientes, essas novas condições contratuais seguiam para o arquivo morto. Por diversas razões. Ora os corretores sugeriam que as exclusões fossem menos enfáticas, para não afugentar os interessados; noutras ocasiões, as autoridades (SUSEP e IRB) insistiam no uso dos textos habituais, com raciocínios antiquados, como a *teoria do reembolso* no seguro de responsabilidade, e linguajar hermético e arbitrário, cuja leitura mais atenta faz despencarem surpresas dispersas e embaralhadas nas condições gerais, especiais, particulares, bem como nas especificações, anexos, endossos e coberturas adicionais que, algumas vezes, dão com uma mão e tiram com a outra.[1] Isto acontece ainda hoje, levando os mais atentos leitores ao estado de perplexidade.

Seguradoras que rotineiramente utilizam nos seus modelos padronizados de contrato a exclusão e/ou a cobertura adicional de "erro de projeto", expressão demasiado aberta e de difícil compreensão, definindo-a, entretanto, como a "não observância do estado da arte" nos léxicos que preparam para o esclarecimento dos segurados, ocasionalmente passam a exigir como condição de garantia, nas mesmas espécies de seguro, que o projeto tenha obedecido aos "padrões adequados de engenharia". O que se deve entender como coberto? Caso o projetista não atue com a proficiência e acerto que consubstanciem o "estado da arte", mas o segurado e seus empreiteiros tenham feito uso de "padrões adequados de engenharia", o erro acidental de projeto será capaz de excluir a cobertura, ainda que a seguradora não tenha apresentado na apólice a exclusão desse erro de projeto? A exigência de padrões adequados de engenharia volta-se à boa conduta técnica diante do risco ou equivale ao resultado?

---

1 Na experiência do seguro abundam paradoxos que dificilmente apareceriam nos demais tipos de contrato. São muitas as cláusulas de cobertura adicional, com prêmios adicionais pagos, que incluem risco excluído e simultaneamente excluem risco que estaria coberto caso não tivesse sido comprada a garantia adicional. A propósito ver estudo de caso em MARTINS-COSTA, Judith; XAVIER, Rafael Branco. "A cláusula *ensuing loss* nos seguros *all risks*". *In*: TZIRULNIK, Ernesto et al. (coord.). *Direito do Seguro Contemporâneo*: edição comemorativa dos 20 anos do IBDS. São Paulo: Contracorrente: Roncarati, 2021. vol. 2, p. 13-45.

Situações como essa repetir-se-ão aos punhados nas apólices de seguro, universalmente consideradas textos malformados e de difícil compreensão, embora constituam importante prova do conteúdo dos vínculos de seguro. O mínimo a esperar de condições contratuais padrão é clareza, mas algo mágico acontece e elas em geral acabam trazendo muitas equivocidades, obscuridades e contradições. O problema cresce quando lembramos que, para muitos, o seguro é a caixa preta que somente os especialistas podem decifrar. E piora quando os juristas chegam a ter dúvidas sobre o que pode ser risco ou acidente para o efeito de seguro. Sobreviver com saúde a idade avançada pode ser acidente? Atingir a idade escolar é risco? Ganhar o campeonato de golfe com *hole in one* também?

Por isso, o melhor caminho para se conhecer o seguro é identificar o interesse segurado e os riscos que podem ameaçá-lo. Descobrir aquilo que pode gerar necessidades econômicas para os titulares de interesses. Obtida a resposta a isso, não será outra "coisa" o que se possa ter assegurado. Nem deixarão de ser riscos todas aquelas possibilidades que ameaçam a relação de interesse. É uma pesquisa sempre *interessante* porque acultura sobre as atividades asseguradas e *útil* porque reconstrói, com sentido prático e econômico, o conteúdo do seguro, *apesar da apólice*.[2]

---

2 A chamada teoria do interesse instalou-se como eixo do seguro moderno há mais de 2 séculos. A primeira obra doutrinária monográfica conhecida é do início do século XX, anterior ao Código Civil de 1916 que, no entanto, deixou de aproveitá-la: EHRENBERG, Victor. Das "Interesse" im Versicherungsrecht. *In*: *Festgabe der Leipziger Juristenfakultät für Dr. Rudolph Sohm*. München und Leipzig: Duncker & Humblot, 1915. p. 1-70. Ela é reavivada nos anos 1960 por Comparato, na sua tese de livre-docência sobre o contrato de seguro de crédito (ver nota 18). Para estudos mais recentes, sugiro consultar as seguintes obras: TZIRULNIK, Ernesto. "Em torno do interesse segurado e da responsabilidade civil". *In*: IBDS; ESCOLA PAULISTA DE MAGISTRATURA (coord.). *Seguros*: uma questão atual. vol. III. São Paulo: Max Limonad, 2001. p. 319-397. (Col. Estudos de Direito do Seguro); TZIRULNIK, Ernesto. *Seguro de riscos de engenharia*: instrumento do desenvolvimento. vol. XIV. São Paulo: Roncarati; IBDS, 2015. p. 103ss. (Col. Estudos de Direito do Seguro); TZIRULNIK, Ernesto; CAVALCANTI, Flávio; PIMENTEL, Ayrton. *O contrato de seguro de acordo com o código civil brasileiro*. vol. XV. São

Sempre se verá que as apólices atentam pouco para o interesse segurado, apesar de constituir a causa da garantia, como deixa claro o artigo 757 do Código Civil, que define o contrato de seguro. As seguradoras costumam assegurar todos os tipos de risco, mas criam amplos róis de exclusões que embucham a cada nova experiência de sinistro.

O fato de o Legislador não aceitar incluir no artigo 757 do Código Civil um parágrafo único estabelecendo que "as cláusulas definidoras dos riscos interpretam-se estritamente", como reivindicava o chamado Substitutivo Comparato,[3] passa despercebido por boa parte da doutrina e da jurisprudência, e quase apagou em noite ártica a iluminada lição de Pontes de Miranda, segundo a qual no seguro vigora o "princípio do risco integral".[4] A falta de um dispositivo como esse há muito tempo vinha sendo contornada pelas seguradoras.

Paulo: Roncarati: IBDS, 2016. p. 47ss. (Col. Estudos de Direito do Seguro); SANSEVERINO, Paulo de Tarso. "Teoria do interesse e interpretação do contrato de seguro". *In*: IBDS (coord.). *I Congresso Internacional de Direito do Seguro – Conselho da Justiça Federal e Superior Tribunal de Justiça*: VI Fórum de Direito do Seguro *"José Sollero Filho"*. vol. XIII. São Paulo: Roncarati: IBDS, 2015. p. 63-72. (Col. Estudos de Direito do Seguro); NORONHA, João Otávio de. "Teoria do interesse no contrato de seguro e a jurisprudência do STJ". *In*: IBDS (coord.), 2015, cit., p. 117-120; AGUIAR JÚNIOR, Ruy Rosado de. "Teoria do interesse, *engineering* e o dano físico no seguro de danos". *In*: IBDS (coord.), 2015, cit., p. 183-206; OLIVEIRA, Márcia Cicarelli Barbosa de. *O interesse segurável*. Dissertação (Mestrado em Direito Civil) –Faculdade de Direito, Universidade de São Paulo. São Paulo, 2011.

3 Convém observar que, nos anos 1960, Comparato era um dos principais consultores jurídicos das instituições bancárias e seguradoras. O texto do substitutivo não correspondeu exatamente às suas convicções teóricas sobre o contrato. Foi também a contribuição para as seguradoras que havia muito se preocupavam com o regime jurídico das apólices padronizadas. Sua contribuição se percebe na definição do contrato, que recepciona o interesse, embora "relativo à coisa e à pessoa" e não aos direitos em geral, como se esperava do estudioso do seguro de crédito. Ver: COMPARATO, Fábio Konder. "Notas explicativas ao substitutivo ao capítulo referente ao contrato de seguro no anteprojeto do Código Civil". *Revista de Direito Mercantil, Industrial Econômico e Financeiro*, São Paulo, ano 11 (Nova Série), n. 5, p. 143-152, 1972.

4 PONTES DE MIRANDA, Francisco C. *Tratado de direito privado*: parte especial. 3. ed. São Paulo: Ed. Revista dos Tribunais, 1984. vol. 45, p. 44: "Para que tal

Além do esforço do final dos anos 1960 para incluir esse parágrafo único, destinado a instalar a restritividade das coberturas nos textos padronizados das apólices, os juristas das seguradoras puseram-se em campo e criaram diversas estratégias de proteção.[5] Suas teorias de combate normalmente são divulgadas em encontros com representantes do governo e magistrados, promovidos ou patrocinados pelos sindicatos, federações e confederações de seguradoras, resseguradoras e corretores de seguro e resseguro.

A primeira solução que o setor segurador e ressegurador desenvolveu para contornar as regras positivadas e a jurisprudência protetiva dos segurados e dos beneficiários foi tentar retirar o seguro da categoria dos contratos por adesão[6] ou, no mínimo, contornar a proteção aos aderentes desses contratos.[7]

Os principais ideólogos dessa hermenêutica foram o professor de direito comercial da Faculdade Nacional de Direito, da então Universidade do Estado da Guanabara e do Instituto Rio Branco, Theophilo de

---

princípio do risco integral não incida, é preciso que o contrato o afaste". O art. 757 expressa "predeterminação" onde se quer ler "especificação". Sobre o tema colacionamos diversas doutrinas em pareceres publicados. Ver: TZIRULNIK, Ernesto. "Seguro contra todos os riscos (*all risks*) de engenharia. Regulação de sinistro: conceito de dano material". *Revista dos Tribunais*, São Paulo, vol. 827, p. 105-143, set. 2004; TZIRULNIK, Ernesto. A possível cobertura de lucros cessantes sem danos físicos — Parte 2. Disponível em: https://www.conjur.com.br/2020-jul-29/tzirulnik-cobertura-lucros-cessantes-danos-fisicos-parte2. Acesso em: 11 ago. 2021; TZIRULNIK, Ernesto. "Parecer sobre seguro de riscos diversos: valores excludentes de infidelidade, ato doloso e cumplicidade". *Revista dos Tribunais*, São Paulo, vol. 725, p. 51-83, mar. 1996.

5 É o que recentemente repete-se com o seguro D&O e o seguro garantia que, como resultado da Operação Lava Jato e similares, conduziram a prejuízos bilionários, ameaçando seguradoras e resseguradoras com negócios concentrados nesses ramos. Agora, a bola da vez é a pandemia da Covid-19, especialmente as coberturas de interrupção de atividades empresariais (lucros cessantes/despesas fixas).

6 Advogados de seguradoras publicaram inúmeros artigos para sustentar que o contrato de seguro é contrato de "adesão parcial".

7 CERNE, Ângelo Mário de Moraes. *O seguro privado no Brasil*. Rio de Janeiro: Livr. Francisco Alves, 1973. p. 30-31.

Azeredo Santos, o qual também ocupava a presidência da seção brasileira da Associação Internacional do Direito do Seguro (AIDA-Brasil), formada por profissionais do meio segurador, e era presidente da Fundação Escola Nacional de Seguros (Funenseg), empresa de formação de técnicos para o setor de seguro dirigida pelas associações representativas das seguradoras e das corretoras de seguro.

Além dele, o professor Ângelo Mário de Moraes Cerne, membro do Conselho da Presidência da seção brasileira da Associação Internacional de Direito do Seguro (AIDA-Brasil) e do Conselho do então ressegurador monopolista, Instituto de Resseguros do Brasil (IRB), que o homenageou com a instituição de prêmio que leva seu nome, revelando, nas palavras de Azeredo Santos, "o apreço àquele que dedicou a sua vida à indústria do seguro, lutando bravamente para seu aperfeiçoamento". Cerne era conhecido internacionalmente, desde 1946, quando se notabilizou na I Conferência Hemisférica de Seguros realizada pela Federação Interamericana de Seguros (Fides), em Nova York, graças a pronunciamento em defesa da padronização das cláusulas básicas de seguros e da redução da intervenção estatal na indústria.

Além desses dois líderes, o setor contou com outros três renomados consultores jurídicos que, no entanto, não se alistaram contra o reconhecimento do seguro como contrato por adesão: Fábio Konder Comparato, professor de direito comercial da Faculdade de Direito da USP, Pedro Alvim, então delegado do IRB em Belo Horizonte, e José Sollero Filho, que foi procurador do IRB, presidente da AIDA-Brasil e um dos fundadores do Instituto Brasileiro de Direito do Seguro (IBDS), cujos congressos levam seu nome.

Veja-se o argumento que o setor segurador usou para enfrentar o princípio exegético do *in dubio pro segurado*, a partir da segunda metade dos anos 1960:

> Argumenta-se que o contrato de seguro é um contrato de adesão, porque o segurador apresenta um contrato já impresso, com as cláusulas preestabelecidas e convida o segurado a aceitá-lo. O mesmo ocorre se o contrato original for alterado com cláusulas adicionais, em geral, destinadas a cobrir riscos adicionais ou facilitar o mecanismo de apuração do

dano. Os tratadistas apontam que este tema perdeu interesse, porque os tribunais, inclusive no Brasil, sempre interpretaram as cláusulas em favor do segurado. Aliás, a matéria prende-se ao problema da validade ou não de cláusulas restritivas, consideradas leoninas, ou que limitam o livre-arbítrio de uma das partes, tornando-se ilícitas, portanto, de acordo com o art. 115 do Código Civil brasileiro. Entretanto, isto não representa argumento perante o Direito brasileiro, porque a Lei de Seguros outorgou ao Conselho Nacional de Seguros Privados a faculdade de fixar as características gerais do contrato de seguro (item IV do art. 32) e deu competência à SUSEP para "fixar condições de apólices, planos de operações e tarifas a serem utilizadas obrigatoriamente pelo mercado segurador brasileiro" e, mais, "examinar e aprovar as condições de cobertura especiais, bem como fixar as taxas aplicáveis".

Ora, o que é regulado por lei não pode ser injusto, abusivo ou ilegal, mesmo porque a Lei de Seguros estabelece claramente: "o controle do Estado se exercerá pelos órgãos instituídos neste Decreto-Lei, no interesse do Segurado e beneficiários dos contratos de seguro" (art. 2º). Mesmo tratando-se de contrato de adesão, o Estado intervém previamente, através da SUSEP, aprovando as condições das apólices para salvaguardar os interesses dos segurados. Fica, assim, sanada qualquer imputação de condições abusivas ou ilegais, porque estas foram aprovadas pelo órgão a que a Lei deu competência para tal efeito.[8]

Passados 60 anos, em 2020, o antigo anseio das seguradoras ganhou foro de normatividade. Foram lançadas pela Superintendência de Seguros Privados (SUSEP) as Consultas Públicas n. 16 e 18, logo transformadas na Circular SUSEP n. 621/2021, sobre os seguros de danos, e na Resolução CNSP n. 407/2021, sobre seguros de grandes riscos.

A pretexto de simplificar e outorgar maior liberdade para a contratação dos seguros, ambas as normas administrativas dispõem sobre direito civil e seguros, invadindo manifestamente a competência legislativa privativa da União (art. 22, I e VII da Constituição Federal).

---

8 CERNE, Ângelo Mário de Moraes. *O seguro privado no Brasil*. Rio de Janeiro: Livr. Francisco Alves, 1973. p. 30-31.

A Circular n. 621/2021 não revogou norma anterior do mesmo tipo que admite a aceitação do seguro pelo silêncio da seguradora (inexistência de recusa expressa) em prazo determinado (Circular SUSEP n. 251/2004, art. 2º), apenas dizendo, no art. 24, que "Deverá constar das condições contratuais do seguro cláusula de aceitação do risco e o prazo que a sociedade seguradora dispõe para manifestar-se sobre a proposta, nos termos da regulamentação específica, exceto para os seguros contratados por bilhete". Já a Resolução CNSP n. 407/2021, no seu artigo 4º, *caput*, e nos §§ 1º e 2º, e art. 5º, declara que o seguro de grandes riscos é contrato paritário – e não por adesão. Além disso, exige a aceitação expressa da seguradora.[9] Para aumentar o âmbito desses contratos pretensamente paritários e repelir a ideia de adesão o art. 2º da resolução define como vultosos um grande número de seguros que jamais seriam propriamente considerados de grandes riscos.[10]

---

9 Resolução 407/2021: Art. 4º Os contratos de seguro de danos para cobertura de grandes riscos serão regidos por condições contratuais livremente pactuadas entre segurados e tomadores, ou seus representantes legais, e a sociedade seguradora, devendo observar, no mínimo, os seguintes princípios e valores básicos: I – liberdade negocial ampla; II – boa fé; III – transparência e objetividade nas informações; IV – tratamento paritário entre as partes contratantes; V – estímulo às soluções alternativas de controvérsias; e VI – intervenção estatal subsidiária e excepcional na formatação dos produtos. § 1° O princípio da liberdade contratual de que trata o inciso I prevalece sobre as demais exigências regulamentares específicas que tratam de planos de seguros, desde que não contrariem as disposições desta Resolução, refletindo a plena capacidade de negociação das condições contratuais pelas partes. § 2° As condições contratuais do seguro deverão ser negociadas e acordadas, de forma que haja manifestação de vontade expressa dos segurados e tomadores, ou de seus representantes legais, e da sociedade seguradora. Art. 5º Qualquer alteração no contrato de seguro em vigor somente poderá ser realizada com a concordância expressa das partes contratantes.

10 Resolução 407/2021: Art. 2º Entendem-se como contratos de seguros de danos para cobertura de grandes riscos aqueles que apresentem as seguintes características: I – estejam compreendidos nos ramos ou grupos de ramos de riscos de petróleo, riscos nomeados e operacionais – RNO, global de bancos, aeronáuticos, marítimos e nucleares, além de, na hipótese de o segurado ser pessoa jurídica, crédito interno e crédito à exportação;

Os segurados têm o dever de não gostar de sinistros, sob pena de seus interesses mostrarem-se ilegítimos. A legitimidade, afinal, revela-se pelo apreço do segurado aos bens da vida alcançados pelo seguro que contrata. No "mercado segurador", ninguém gosta de sinistros. Embora os seguros existam para indenizar os danos sofridos com os sinistros, as altas taxas de sinistralidade incomodam muito. As seguradoras, as resseguradoras e os corretores de seguro e resseguro têm pavor de sinistros. Mesmo os gestores de risco e seguro dos segurados torcem-lhes o nariz. Todos ganham, entre taxas, prêmios e comissões adicionais, quando a sinistralidade fica contida.[11]

---

ou II – demais ramos, desde que sejam contratados mediante pactuação expressa por pessoas jurídicas, incluindo tomadores, que apresentem, no momento da contratação e da renovação, pelo menos, uma das seguintes características: a) limite máximo de garantia (LMG) superior a R$ 15.000.000,00 (quinze milhões de reais); b) ativo total superior a R$ 27.000.000,00 (vinte e sete milhões de reais), no exercício imediatamente anterior; ou c) faturamento bruto anual superior a R$ 57.000.000,00 (cinquenta e sete milhões de reais), no exercício imediatamente anterior. § 1° Também poderão ser considerados seguros de danos para cobertura de grandes riscos, na forma prevista no inciso II deste artigo, aqueles seguros que tenham sido contratados, por meio de uma apólice individual, por mais de um tomador ou segurado, desde que, ao menos um dos tomadores ou segurados apresentem, pelo menos uma das características constantes das alíneas «b» ou «c» deste inciso. § 2° No caso do seguro garantia, o contrato também poderá ser classificado como de grandes riscos se o tomador ou segurado pertencer a um grupo econômico que atenda as disposições contidas nas alíneas «b» e «c» deste inciso, devendo constar na apólice expressa menção ao vínculo existente, de forma clara e objetiva. § 3° A hipótese prevista no parágrafo anterior aplica-se apenas ao tomador ou segurado que possua personalidade jurídica própria e integre grupo econômico sob controle ou direção administrativa comum ou ainda sob o mesmo controle acionário.

11 Muitas vezes, os intermediários – corretores de seguro, produtores, agentes, distribuidores etc. – ganham tanto ou mais do que as próprias seguradoras e resseguradoras. Ver: TZIRULNIK, Ernesto. "No mundo dos seguros a intervenção continua". Atentar especialmente para o comentário sobre a Resolução CNSP n. 382, onde isso é mostrado com números aditados e divulgados no *site* da SUSEP. Disponível em: https://www.jota.info/

O problema é que essa combinação de cobertura restritiva – uma forma de produzir exclusões indiretas – com incontáveis exclusões diretas, somada à falta de cuidado com a precisão linguística, acaba gerando não apenas inúmeras dúvidas e esforço de interpretação incomum; também produz uma legião de deformidades, como as já citadas cláusulas adicionais de cobertura contendo exclusões que não existiam antes da "adição". Isso mesmo, você compra uma garantia adicional e ela vem acompanhada da exclusão de garantia que você já tinha! Quem se aventura a buscar o significado das versões da cláusula de cobertura de erro de projeto com a exclusão de *itself* existentes nas apólices de riscos de engenharia brasileiras comungará com a minha falta de apreço pela leitura de apólices de seguros e compreenderá por que juízes franceses consideraram nulas tanto a cláusula de exclusão de risco que careça de interpretação quanto as cláusulas excludentes que possam retirar a utilidade do seguro.[12]

---

opiniao-e-analise/artigos/no-mundo-dos-seguros-a-intervencao-continua. Acesso em: 20 jul. 2021. O PL 3.555/2004 continha dispositivos para restringir o problema da deslegitimação da intermediação e de sua excessiva opacidade e onerosidade para os segurados (arts. 38; 41, §§ 1° e 2°; 140, parágrafo único; e 54, XII, alterado pelo substitutivo Leandro Sampaio). Foi o ponto mais combatido do projeto de lei de contrato de seguro. O PLC 29/2017 manteve apenas uma regra que determina a abertura, na apólice, da "estrutura" do prêmio (art. 56, XII), justamente para melhor proteger a edição de normas administrativas regulatórias do dever de informar os segurados e beneficiários sobre os carregamentos comerciais, prevenindo, assim, a abusividade presente nos mercados brasileiros de seguro e resseguro. A transparência é evitada pela classe dos corretores, cujos líderes já ocuparam a superintendência da SUSEP (Armando Vergílio, Presidente da Federação Nacional dos Corretores de Seguro – FENACOR, antes e depois) e, na Câmara dos Deputados, sucessivas relatorias do PL 3.555/2004 (Deputados Armando Vergílio e Lucas Vergílio, seu filho).

12 PINTURIER, Gérôme. Assurance Pertes D'exploitation et Coronavirus. Disponível em: https://www.village-justice.com/articles/assurance-pertes--exploitation-coronavirus,34544.html. Acesso em: 23 jul. 2021. Ver a nota n. 1 do artigo.

Apesar do ordenamento legal[13] suficiente para combater as disposições das apólices que dificultam a eficácia indenizatória do seguro, o

---

13 Decreto-Lei n. 73/66: (1) "Art. 13. As apólices não poderão conter cláusula que permita rescisão unilateral dos contratos de seguro ou por qualquer modo subtraia sua eficácia e validade além das situações previstas em Lei"; (2) "Art. 2. O controle do Estado se exercerá pelos órgãos instituídos neste Decreto-Lei, no interesse dos segurados e beneficiários dos contratos de seguro". Código de Defesa do Consumidor: (1) "Art. 51. São nulas de pleno direito, entre outras, as cláusulas contratuais relativas ao fornecimento de produtos e serviços que: III – transfiram responsabilidades a terceiros; IV – estabeleçam obrigações consideradas iníquas, abusivas, que coloquem o consumidor em desvantagem exagerada, ou sejam incompatíveis com a boa-fé ou a equidade; VI – estabeleçam inversão do ônus da prova em prejuízo do consumidor; VII – determinem a utilização compulsória de arbitragem; XIII – autorizem o fornecedor a modificar unilateralmente o conteúdo ou a qualidade do contrato, após sua celebração; § 1º Presume-se exagerada, entre outros casos, a vantagem que: I – ofende os princípios fundamentais do sistema jurídico a que pertence; II – restringe direitos ou obrigações fundamentais inerentes à natureza do contrato, de tal modo a ameaçar seu objeto ou equilíbrio contratual; III – se mostra excessivamente onerosa para o consumidor, considerando-se a natureza e conteúdo do contrato, o interesse das partes e outras circunstâncias peculiares ao caso. § 4° É facultado a qualquer consumidor ou entidade que o represente requerer ao Ministério Público que ajuíze a competente ação para ser declarada a nulidade de cláusula contratual que contrarie o disposto neste código ou de qualquer forma não assegure o justo equilíbrio entre direitos e obrigações das partes". (2) "Art. 54. Contrato de adesão é aquele cujas cláusulas tenham sido aprovadas pela autoridade competente ou estabelecidas unilateralmente pelo fornecedor de produtos ou serviços, sem que o consumidor possa discutir ou modificar substancialmente seu conteúdo. § 1° A inserção de cláusula no formulário não desfigura a natureza de adesão do contrato. § 2° Nos contratos de adesão admite-se cláusula resolutória, desde que a alternativa, cabendo a escolha ao consumidor, ressalvando-se o disposto no § 2° do artigo anterior. § 3° Os contratos de adesão escritos serão redigidos em termos claros e com caracteres ostensivos e legíveis, cujo tamanho da fonte não será inferior ao corpo doze, de modo a facilitar sua compreensão pelo consumidor. [Redação dada pela Lei n. 11.785, de 2008.] § 4° As cláusulas que implicarem limitação de direito do consumidor deverão ser redigidas com destaque, permitindo sua imediata e fácil compreensão".

problema continua. O Direito é o que pega, o que as seguradoras praticam na vida real, não o que está nas normas socialmente ineficazes ou nas respectivas obras de interpretação. Situações como a da pandemia da Covid-19, quando o funcionamento do seguro constituiria paliativo para a insegurança dos segurados, produzem paradoxos: algumas seguradoras vão a público declarar que suas exclusões de pandemia não são válidas, enquanto outras, operando com as mesmas taxas de prêmio, insistem em utilizá-las.

Hoje, no Brasil, como em todo o mundo, as discussões centradas na amplitude das coberturas e o entrechoque do interesse segurado com a delimitação e as exclusões de cobertura tornam-se extraordinariamente relevantes para a solução das reclamações de interrupção de negócios relacionadas com a pandemia e aos atos governamentais a ela atinentes.[14]

Deixando de lado as "letras miúdas", é muito importante lembrar que o arsenal de defesas utilizado pelas seguradoras conta com outro importante instrumento, progressivamente utilizado com infinita expansão semântica. A grande maioria das demandas referentes à cobertura do seguro discute o *agravamento do risco*, o ingrediente mais utilizado

---

Código Civil: (1) "Art. 113. Os negócios jurídicos devem ser interpretados conforme a boa-fé e os usos do lugar de sua celebração. § 1º A interpretação do negócio jurídico deve lhe atribuir o sentido que: I – for confirmado pelo comportamento das partes posterior à celebração do negócio; II – corresponder aos usos, costumes e práticas do mercado relativas ao tipo de negócio; III – corresponder à boa-fé; IV – for mais benéfico à parte que não redigiu o dispositivo, se identificável". (2) "Art. 423. Quando houver no contrato de adesão cláusulas ambíguas ou contraditórias, dever-se-á adotar a interpretação mais favorável ao aderente". (3) "Art. 424. Nos contratos de adesão, são nulas as cláusulas que estipulem a renúncia antecipada do aderente a direito resultante da natureza do negócio". (4) "Art. 779. O risco do seguro compreenderá todos os prejuízos resultantes ou consequentes, como sejam os estragos ocasionados para evitar o sinistro, minorar o dano, ou salvar a coisa".

14 TZIRULNIK, Ernesto. "Reflexões sobre o coronavírus e os seguros privados". *In*: WARDE, Walfrido; VALIM, Rafael (coord.). *As consequências da COVID-19 no Direito brasileiro*. São Paulo: Contracorrente, 2020. p. 325-347.

pelos departamentos de sinistro e legal das seguradoras para elaborar as negativas de indenizações. É esse o assunto que vamos discutir.

Ao mesmo tempo que se tornou o feijão com arroz dos conflitos de interesse securitários, o agravamento do risco é um dos temas mais delicados do dia a dia das regulações de sinistros, na doutrina jurídica e na atividade judicante, pública ou privada.[15]

Esse viés é antigo. O problema da perda da garantia pelo segurado com base no agravamento do risco já havia motivado Coelho Rodrigues, no final do século XIX, inspirado no direito suíço, a ressalvar no artigo 949 do reputado Projeto de Código Civil Brasileiro que "a aplicação dessa pena deverá fazer-se equitativamente, tomando-se em consideração a boa-fé das partes e abstraindo-se das meras possibilidades do aumento dos riscos, ou dos receios que possam parecer pueris".[16]

As sutilezas desse tema costumam passar despercebidas.

---

15 Em língua portuguesa, há poucas obras doutrinárias sobre o agravamento do risco, destacando-se a da jurista portuguesa Maria Inês de Oliveira Martins, professora de Direito Civil e Comercial na Universidade de Coimbra: MARTINS, Maria Inês de Oliveira. *A imposição contratual de condutas de controle do risco*: a experiência europeia em diálogo com o ordenamento brasileiro, vigente e prospectivo. São Paulo: Roncarati, 2019; MARTINS, Maria Inês de Oliveira. *Contrato e seguro e conduta dos sujeitos ligados ao risco*. Coimbra: Almedina, 2018. Na doutrina nacional, as referências são: AGUIAR JÚNIOR, Ruy Rosado de. "Agravamento de risco: conceito e limites". *In*: IBDS. VII Fórum de Direito do Seguro José Sollero Filho, 18-20 out. 2017; MARTINS-COSTA, Judith. *A boa-fé no direito privado*: critérios para a sua aplicação. 2. ed. São Paulo: Saraiva, 2018. p. 381ss; THEODORO JÚNIOR, Humberto. O contrato de seguro e a regulação do sinistro. *Revista dos Tribunais*, São Paulo, vol. 94, n. 832, p. 67-82, fev. 2005; e PETERSEN, Luiza Moreira. *O risco no contrato de seguro*. São Paulo: Roncarati, 2018. No direito estrangeiro: MORANDI, Juan Carlos F. *El riesgo en el contrato de seguro*. Buenos Aires: Astrea, 1974; VEIGA COPO, Abel B. *El riesgo en el contrato de seguro*: ensayo dogmático sobre el riesgo. Cizur Menor: Civitas, 2015; ROITMAN, Horacio; AGUIRRE, Felipe. *La agravación del riesgo en el contrato de seguro*. 2. ed. Buenos Aires: Abeledo Perrot, 2012.

16 COELHO RODRIGUES, Antonio. *Projecto do Codigo civil brazileiro*: precedido de um projecto de lei preliminar. Rio de Janeiro: Imprensa Nacional, 1893. p. 115-116.

Acaba-se, involuntariamente, solucionando os casos com o emprego de outros institutos jurídicos. Deste modo, o agravamento passa a ser confundido com a ilicitude (exemplo: arbitrariamente dirigir embriagado), com o não implemento de condição para a cobertura do seguro (exemplo: falta de escolta regularmente exigida na apólice) etc. Assim, de forma paulatina, o significado de agravamento do risco segurado torna-se confuso e atentatório às legítimas expectativas que ambas as partes do contrato podem e devem ter com relação a esse fenômeno.

As regras básicas sobre o agravamento ou a agravação dos riscos são o artigo 678, n. 2, do Código Comercial, e os artigos 768 e 769 do Código Civil. Estas duas com incidência sobre três situações distintas: (i) o agravamento voluntário ou intencional (art. 768); (ii) o agravamento alheio ao segurado omitido dolosamente (art. 769, *caput*); e (iii) o agravamento alheio ao segurado omitido sem dolo ou do qual o segurador tenha tomado conhecimento por qualquer outro meio (art. 769, § 1º).

Em comum, essas previsões não dizem respeito apenas ao direito ao recebimento de capitais ou indenizações, mas à perda da própria garantia de seguro: não se perde o direito a receber *aquela* indenização, mas de ser protegido pelo seguro.

O agravamento é aquela efetiva modificação do estado de risco que conduz ao aumento da probabilidade de ocorrência do sinistro ou severidade dos prejuízos, enfim, a um estado de risco que evidentemente não seria admitido pelo segurador na sua carteira de negócios ou, sendo, comprovadamente dispararia a cobrança de prêmio e o uso de condições de garantia muito diversos. Se a circunstância já existia ao tempo da contratação do seguro, não se tratará de agravamento do risco e, sim, eventualmente, de declaração defeituosa do risco. O agravamento é a modificação relevante do risco que acontece *a posteriori*.

O agravamento voluntário do risco é aquele decorrente de ato do segurado praticado para que o sinistro se torne consideravelmente mais provável ou mais gravoso em prejuízo do segurador. Também é aquela conduta deliberada pelo segurado ciente de que está aumentando a frequência (probabilidade de ocorrência) ou severidade dos prejuízos, em caso de sinistro. Nessa circunstância, o segurado perde automaticamente a garantia.

O agravamento não intencional é aquele que ocorre no mundo dos fatos sem o protagonismo do segurado. Existem, então, duas hipóteses. Se ocultado do segurador dolosamente pelo segurado, com a intenção de prejudicá-lo, haverá perda imediata da garantia. Em qualquer outra hipótese (até a omissão negligente), o segurado não perde de pronto a garantia, mas a seguradora pode resolver o contrato em até 15 dias desde o momento em que tome conhecimento, com efeito apenas após o dobro de tempo.

Embora o artigo 768 do Código Civil não expresse a intensidade requerida para a caracterização do agravamento, devendo isto colher-se do artigo 678 do Código Comercial e dos artigos 769 e 770 do Código Civil, por interpretação sistemática, o ato do segurado deve ser "de tal natureza ou importância" ou "capaz de agravar consideravelmente o risco coberto".

Justamente por isso, mesmo a SUSEP, na recentíssima Consulta Pública n. 24/21, para dissuadir o uso abusivo da exceção de agravamento no seguro-garantia, propõe a seguinte regra cogente no art. 10, § 2º da Minuta de Circular: "A alteração do objeto principal sem comunicação à seguradora, ainda que conste nas condições contratuais, somente poderá gerar perda de direito ao segurado caso agrave o risco ou sua probabilidade de ocorrência, bem como seja determinante para a verificação do sinistro". Embora ser "determinante" situe o problema no nexo de causalidade, e o agravamento não necessite ser causa de sinistro e sim modificação substancial pejorativa do risco, o fato é que, como a SUSEP, também a jurisprudência majoritária, como veremos adiante, acabou transformando o nexo de causalidade com o sinistro em requisito ou pressuposto do agravamento do risco.

Não se cuida de *novo risco*, um risco de natureza distinta do assegurado, mas de novo *estado de risco*. Se o que aconteceu foi o surgimento de um risco *diverso*, e não a alteração do *estado do risco* para outro substancialmente mais intenso – *inassegurável* ou, de fato, somente *assegurável em condições e a preço muito distintos* –, não há que se falar em agravamento, e sim em surgimento de risco cujo asseguramento depende de novo contrato ou de aditivo ao contrato existente (endosso), ainda que formado, como é da praxe, pela falta de recusa expressa tempestiva ou pela aceitação tácita. Além desses casos, o seguro pode prever a "garantia de novos riscos", uma cobertura já disponível no mercado e que serve para agasalhar riscos ainda não passíveis de consideração no momento da celebração do seguro.

É claro que, em certas situações, a adoção de medidas para evitar o sinistro iminente ou os prejuízos por ele causados poderá transformar o risco ou implicar o surgimento de outros riscos. Quando o sinistro está em vias de ocorrer ou já teve início, o segurado deve empreender medidas urgentes (art. 771, parágrafo único), mas nesse caso não se deve falar em agravamento.

Imagine-se que ocorrido um incêndio, procurando salvar um equipamento o segurado desloca-o para próximo à água ou coloca-o sobre embarcação. O risco doravante passa a ser substancialmente diferente, mas não há agravamento e sim circunstância criada para o enfrentamento do sinistro.

O mesmo sucede nos seguros-garantia, quando o inadimplemento ainda não ocorreu, mas o devedor dá sinais de fragilidade. Antes mesmo do aviso de expectativa do sinistro, que causará perda de crédito para o devedor e aumentará o risco de eventual inadimplemento, costumam ser adotadas medidas para prevenir a ocorrência ou atenuar os danos em caso de vir a ocorrer o sinistro de inadimplemento, às vezes até mesmo transformando o risco de inadimplemento (não pecuniário) em risco de crédito (pecuniário). Isso implica alterações contratuais e modificação de tipo de risco, mas situa-se no campo das medidas que devem ser adotadas, sob pena de perda de direito ao seguro, quanto o sinistro passa a ser iminente. Praticamente todas as regulações de sinistro acabam gerando conflitos a respeito das condutas destinadas a evitar ou atenuar o possível inadimplemento. A casuística é diversificada e comporta soluções distintas.

O novo estado do risco pode ser definitivo ou passageiro. Neste último caso, desaparecido o agravamento, desaparece a faculdade resolutiva, quando a resolução ainda não foi consumada. Passageira é diferente de efêmera: alterações pontuais ou efêmeras no estado de risco não são agravamento do risco.

Também em comum, os dispositivos legais que disciplinam o agravamento exigem a posterioridade do novo estado do risco em relação ao momento da formação do contrato de seguro.[17]

Os meios disponíveis para a seguradora descobrir o estado do risco antes da celebração do contrato são: (i) o uso de questionários, os mais técnicos e claros, a serem respondidos pessoalmente pelos segurados, sempre que possível assistidos, não representados, pelos corretores de seguro ou outros profissionais com conhecimento técnico; e (ii) as inspeções prévias de risco. A descoberta *a posteriori* de um estado de risco diferente daquele comprovadamente levado em conta no momento da formação do contrato de seguro não é agravamento do risco. Ou o desconhecimento decorreu de erro manifesto ou de má-fé do proponente do seguro, que foi reticente quando prestou as declarações (situação reprovável, mas diversa, regulada pelo artigo 766 do Código Civil), ou da falta de serviço da própria seguradora que deixou de inspecionar o risco para baratear a subscrição e postergar o problema para o momento de eventual sinistro.

O conhecimento do agravamento do risco, subsequente à formação do contrato, pode resultar da comunicação feita pelo segurado, muitas vezes pouco habilitado para identificar e decidir sobre a relevância do fato. Por isso, as apólices preveem inspeções intercorrentes: (i) de rotina em visita que se fizer ao local do risco; (ii) quando da emissão de um aditamento contratual; (iii) ou na ocasião da regulação de sinistro verificado no local do risco ou que exija a inspeção deste.

---

17 Sobre a distinção entre o regime de declaração inicial de risco (omissão de informações) e do agravamento do risco, cf. MARTINS, Maria Inês de Oliveira. "Defendendo o caminho mais trilhado, na demarcação entre o regime de avaliação inicial do risco e do seu agravamento subsequente". *In*: TZIRULNIK, Ernesto et al. (coord.). *Direito do Seguro Contemporâneo*: edição comemorativa dos 20 anos do IBDS. São Paulo: Contracorrente: Roncarati, 2021. vol. 1, p. 517-547. Interessante a observação de Jérôme Kullman segundo a qual o regime do agravamento do risco é um prolongamento no tempo dos deveres informativos na formação do contrato (BIGOT, Jean et al. (org.). *Traité de droit des assurances*. Tome III. Paris: LGDJ, 2002. p. 719).

A resolução do contrato por agravamento do risco é muito importante para ambas as partes.

Para a seguradora, porque ela não pode ser obrigada a garantir condutas que retirem ou restrinjam de forma significativa a eventualidade do sinistro, como seria o caso da incidência do artigo 768, nem condutas reticentes deliberadas, como previsto no § 1° do artigo 769; e, igualmente, não está obrigada a sujeitar-se a garantir um risco que se modificou, essencialmente, a ponto de não ser passível de aceitação ou de exigir uma contraprestação substancialmente diversa.

Para o segurado, porque ele espera que o seguro se mantenha vigente e produza efeitos plenos, permitindo-lhe, assim, fruir o mais livremente possível dos bens da vida sobre os quais recaem seus interesses que foram assegurados, sem ser submetido às incontáveis limitações de conduta que os estudiosos da infortunística possam imaginar. O seguro é instrumento de estímulo e deve promover o exercício mais intenso das atividades econômicas em geral. O uso desmedido da aplicação da pena de perda de garantia por agravamento arrisca retirar do seguro a sua principal funcionalidade econômica e social: *tranquilizar o segurado e os beneficiários quanto à existência de proteção diante dos riscos do tipo garantido, propiciando-lhes o exercício normal de suas atividades, sejam pessoais, profissionais ou empresariais, e liberando-lhes os meios e os capitais que haveriam de ser reservados para o enfrentamento dos riscos.*

Por isso, não é possível aproximar-se suficientemente do tema do agravamento do risco sem considerar, a cada passo, que o seguro tem função estimulante para os negócios por deixar o segurado "aliviado do peso dos riscos".[18] Noutros termos, o seguro serve ao *princípio da audácia*.[19]

---

18 COMPARATO, Fábio Konder. *O seguro de crédito*: estudo jurídico. São Paulo: Ed. Revista dos Tribunais, 1968. p. 13.

19 "Em 1601, o Parlamento inglês edita uma Lei de Seguro (*Insurance Act*) definindo o negócio a partir de três objetivos que persistem atuais: distribuir as perdas de alguns entre muitos (solidarização); encorajar aqueles que são reticentes para assumir riscos antes da garantia de uma compensação (estimulação), e convocar os mais jovens a serem empreendedores (ampliação das forças produtivas), assim se descortinando o seguro como uma técnica de pulverização do risco ou compartilhamento social dos

É indispensável, também, levar em conta que a chamada operação de seguro se desenvolve por meio de empresas profissionais assentadas tecnicamente na exploração massiva de negócios, sejam os seguros ordinários ou de grandes riscos. Essa operação tem especial estrutura de solvência, completamente distinta daquelas de que se valem quase todos os demais negócios privados.

As seguradoras e as resseguradoras estabelecem um sistema de solvência (capacidade econômico-financeira) e de solvabilidade (capacidade de pagamento) por meio de cálculos estatísticos e atuariais, ou mediante o uso de sua avaliação experta adquirida com a experiência empresarial asseguradora, considerando tecnicamente os riscos em geral e não cada risco assumido individualmente, e exercem juízos de precaução (consideração a respeito da possibilidade de surgirem riscos desconhecidos ou a remodelagem dos riscos conhecidos).

Nessa mesma lógica, tanto as responsabilidades calculadas quanto os desvios projetados com base na agigantada experiência infortunística da indústria do seguro, em que há agentes econômicos que sobreviveram a duas guerras mundiais e a inúmeras outras catástrofes, conduzem à formação obrigatória de reservas e provisões, assim como determinam uma rede de contratos voltados para evitar a ruína da seguradora: o resseguro e a retrocessão.

A preparação para o enfrentamento dos desvios de sinistralidade, seja por aumento da frequência, seja pela severidade das lesões a interesses com o aumento das respectivas necessidades econômicas, é conatural da empresa de seguro. Isso explica a abrangência da operação de seguro prevista no artigo 4° do Decreto-Lei n. 73/66.[20]

---

custos dos acidentes para evitar as perdas individuais e promover as ações empreendedoras (BUNNI, 2003, p. 4), sendo discricionariamente acatados pelo sistema segurador inclusive aqueles riscos sabidamente mais agravados" (TZIRULNIK, Ernesto. *Seguro de riscos de engenharia*: instrumento do desenvolvimento. São Paulo: Roncarati, 2015. p. 149).

20 Decreto-Lei n. 73/66: "Art. 4º. Integra-se nas operações de seguros privados o sistema de cosseguro, resseguro e retrocessão, por forma a pulverizar os riscos e fortalecer as relações econômicas do mercado".

Não se trata, propriamente, de uma empresa de solidarização, como as entidades assistenciais ou as mútuas que resultam da solidariedade coletiva e espontânea para o socorro das vítimas. Sem deixar de ser um "brilhante mecanismo para fomentar uma comunidade de apoio contra muitos de nossos piores medos",[21] o seguro é manifestação de uma organização capitalista empresarial que, na feliz expressão de dois juristas franceses, busca "controlar com antecedência as consequências possíveis dos acontecimentos, sem fazer apelo à generosidade posterior".[22]

Compreender essa especificidade da natureza da empresa do seguro, a inserção no próprio contrato do elemento empresarial (não no sentido vulgar que o modismo dá a esta expressão), revelando que no âmago do contrato aparentemente aleatório encontra-se um dos mais perfeitos exemplos de contrato comutativo, é essencial para perceber que o tratamento dado às alterações econômicas que podem afetar os contratos em geral não se ajusta aos contratos de seguros. Pelo equilíbrio economicamente necessário entre prêmio e garantia, o seguro tem naqueles mencionados artigos o seu próprio regime de resolução por impossibilidade e onerosidade excessiva. Na feliz expressão de Inaê Siqueira de Oliveira, um "microssistema de tutela do sinalagma contratual".[23]

Além dessa segunda cautela, aquele que de um modo ou de outro interage com as regulações de sinistro – seja o regulador ou o perito que atua na apuração da causa do sinistro, dos prejuízos indenizáveis e das coberturas incidentes, sejam advogados, juízes ou árbitros – deve estar consciente de que, apesar dos discursos que ocupam páginas de livros técnicos e jurídicos sobre o tema, cada dia mais os seguradores, estimulados por razões comerciais, deliberadamente assumem riscos que

---

21 DOYLE, Aaron. "Seguro e confiança na sociedade do risco: uma perspectiva sociológica". *In*: IBDS (coord.). *I congresso Internacional de Direito do Seguro – Conselho da Justiça Federal e do Superior Tribunal de Justiça*: VI Fórum de direito do Seguro "José Sollero Filho". vol. XIII. 1. ed. São Paulo: Roncarati: IBDS, 2015. p. 414-415. (Coleção Estudos de Direito do Seguro).

22 BERR, Claude-J.; GROUTEL, Humbert. *Droit des assurances*. 9. ed. Paris: Dalloz, 2001. p. 2.

23 Existem outros, como o da empreitada, o do transporte etc.

teoricamente não assumiriam, enfim, que normalmente não deveriam subscrever.

Essa realidade dos negócios, que não pode ser sublimada quando se estuda o instituto do agravamento, é registrada em uma das mais importantes pesquisas – sociológica, econômica e filosófica – sobre o seguro:

> Em condições favoráveis de subscrição de riscos, as seguradoras trabalham com seus clientes comerciais numa relação que visa primordialmente adequar e melhorar o ambiente de prevenção de perdas. Entrevistamos um especialista do serviço técnico de prevenção de perdas de uma seguradora comercial multinacional. Ele tinha uma equipe de engenheiros de controle de perdas que inspecionava propriedades comerciais na etapa de subscrição de riscos e fazia recomendações para melhorá-las. Ele disse: "Podemos fazer o seguro mesmo que eles não sigam as recomendações. Trabalhamos com a subscrição o tempo todo e com a corretora para tentar motivar o cliente a seguir as recomendações". Este entrevistado descreveu a subscrição de uma firma comercial que tinha um sistema inadequado de *sprinklers* para combater incêndios. Um sistema novo custaria US$350.000 e a abordagem adotada foi instalar esse sistema ao longo de vários anos para diluir o custo. Se um sistema completamente novo fosse exigido logo no início como condição para fazer o seguro, o cliente poderia facilmente ter encontrado outra seguradora e teríamos perdido uma relação lucrativa de seguro. Além disso, a corretora de seguros envolvida também tinha uma relação importante com o cliente e com a seguradora, que poderia ser prejudicada se o cliente fosse pressionado além da conta em detalhes da prevenção de perdas. O entrevistado usou esse caso para ilustrar como uma situação inadequada de segurança preventiva pode ainda ser segurada "porque faz sentido comercial oferecer a apólice, visto que estamos tentando crescer junto com essa corretora. Ou, este é um plano de seguro em vinte; os outros dezenove são impecáveis e trata-se potencialmente de $10 milhões, ou seja o que for, $12 milhões em prêmios, e estou disposto a assumir um negócio ruim a fim de subscrever os outros dezenove".[24]

24 BARRY, Dean; DOYLE, Aaron; ERICSON, Diana. *Insurance as governance*. Toronto: University of Toronto Press, 2003. p. 295. Sobre a relação entre

É crescente o uso da exceção de agravamento do risco no curso das regulações de sinistros executadas por técnicos e empresas que dependem da avaliação que as seguradoras e, principalmente, as resseguradoras façam dos seus serviços. O aumento do uso da agravação como fundamento para a recusa do pagamento de indenizações, entre outros motivos, ocorre porque as resseguradoras não estão sujeitas a regras de conduta suficientemente robustas para evitar abusos, e as apólices de seguro – que se padronizam sempre tendo em conta a cultura das resseguradoras, de forma a evitar o descasamento entre o seguro e o resseguro, realidade crescente no mercado brasileiro que sempre dificulta a chamada "recuperação de resseguro"[25] – vieram se ajustando a padrões estrangeiros, estranhos à experiência brasileira.

Como exemplo, os seguros de riscos de engenharia. São seguros que têm suas cláusulas basicamente formadas nos países centrais, de onde procedem as seguradoras e as resseguradoras privadas que operam com esse tipo de risco. As mais famosas são as regras do London Engineering Group (LEG) 1, 2 e 3, mas há outras.

Em seguida à construção do Eurotúnel, sob o Canal da Mancha, as regulações de sinistros ocorridos durante a execução das obras viárias brasileiras e de outros países em desenvolvimento passaram a ter como parâmetro o chamado *Joint Code*. Ele surgiu em 2001, por exigência da Associação Britânica de Seguradoras à Associação Britânica de Túneis,

o regime flexível dos remédios contra o agravamento do risco e essa prática das seguradoras, observa Maria Inês de Oliveira Martins: "Não se deve incentivar o segurador a apresentar, *por motivos concorrenciais, valores de prémio artificialmente baixos, por neles não relevar alterações daquele risco que lhe são conaturais – nos exemplos mais ilustrativos – ou que, de todo o modo, de acordo com uma técnica prudente, deveria relevar*. Se o regime do agravamento do risco serve uma função de optimização do prémio, não deve servir uma função de falsificação do mesmo. Por outro lado, importa que ao segurado seja transparente a cobertura que adquire – não podendo o regime do agravamento servir para sub-repticiamente a esvaziar" (MARTINS, *Contrato e seguro e conduta dos sujeitos ligados ao risco*, 2018, cit., p. 393).

25 Recuperação de resseguro é expressão utilizada para significar a satisfação do crédito da seguradora contra os resseguradores.

cuja observância tornou-se indispensável para as subscrições de riscos e para a execução dos seguros contratados.

As regras do *Joint Code* adequam-se às conjunturas francesa e britânica e contêm algumas previsões impraticáveis nas obras civis desenvolvidas nos países periféricos. As recomendações das resseguradoras internacionais, no entanto, passaram a ser observadas pelas seguradoras e pelas reguladoras de sinistro de todo o mundo para evitar os descasamentos inconvenientes para as resseguradoras, sem a indispensável adequação às experiências jurídicas, técnicas, sociais e econômicas dos distintos países, o que conduziu a inúmeros conflitos, a exemplo da regulação de sinistro de engenharia da Linha Amarela, na cidade do Rio de Janeiro, que se tornou conflituosa em razão das divergências entre o modo de registrar o andamento das obras e o que seria recomendado pelo *Joint Code*,[26] ao qual a apólice da seguradora brasileira, por exigência dos resseguradores, fazia remissão.

Os exemplos de descasamento são muitos. Basta ver o que sucede com os seguros de danos em geral. Ao mesmo tempo que o Código Civil estabeleceu o interesse como elemento do contrato e colocou-o como objeto do seguro (art. 757), passaram a surgir no mercado seguros reproduzindo expressão estranha à nossa cultura e que, por muito tempo, vinha gerando polêmica no próprio Reino Unido, nos países europeus em geral e nos Estados Unidos, com o objetivo de restringir a cobertura desfocando o legítimo interesse e enfatizando o requisito de "dano físico à propriedade tangível" sobre a qual recai o legítimo interesse.[27]

---

26 EDGERTON, Willian W. *Recommended contract practices for underground construction*. [*s. l.*]: Society for Mining, Metallurgy and Exploration, Inc., 2008. p. 33ss.

27 Hoje, com a pandemia da Covid-19, esse descasamento causará polêmicas. Se o dano físico à coisa for exigido para a caracterização do sinistro, os estabelecimentos comerciais, como o restaurante que não pode abrir por razões de contaminação, estarão despojados de coberturas de lucros cessantes que, em geral, preveem a exigência de dano físico. A perda da utilidade e a consequente cessação de resultados foram absolutas, mas não se trata de dano físico, embora seja inegável a contundência do acidente que tem por efeito suprimir a possibilidade do exercício da atividade e a consequente percepção de resultados.

Com essas advertências sobre o que é funcional dos seguros e sobre o que é real no mundo desses negócios, já poderíamos examinar o agravamento do risco, sem tantos preconceitos ou artificialidades.

Há, porém, três outras circunstâncias com reflexos jurídicos que também devem ser enfatizadas antes da definitiva aproximação ao tema. Refiro-me: (i) às inspeções de risco, prévias e intercorrentes; (ii) aos documentos de formação, aperfeiçoamento e prova dos contratos; e (iii) às regulações e liquidações de sinistros.

Como as empresas em geral, as seguradoras vêm reduzindo custos progressivamente. Entre os cortes de gastos, encontram-se os necessários para as inspeções de risco prévias às aceitações das propostas de seguro, bem como as inspeções intercorrentes, isto é, aquelas feitas durante a vigência dos seguros para o monitoramento do risco pela seguradora. Sendo a seguradora – como as resseguradoras – uma especialista em riscos e sinistros, dela se espera competência para aferir o estado do risco no seu próprio interesse e no do segurado, orientando-o sobre medidas de prevenção destinadas a preservar a relação obrigacional e evitar ou conter, caso ocorra, o sinistro, evento que é indesejado por ambas as partes do contrato.

Praticamente não existem, atualmente, departamentos de seguradoras e mesmo de resseguradoras dedicados à prestação dos serviços técnicos de avaliação, monitoramento e prevenção de riscos. Os antigos departamentos de sinistro minguaram com a terceirização dos serviços, o que no Brasil revela um paradoxo curioso: durante o monopólio do resseguro pelo Instituto de Resseguros do Brasil (IRB), cabiam-lhe todas as regulações de sinistro, e as seguradoras ainda assim mantinham departamentos de sinistro para assistência ao IRB, mas, depois da extinção do monopólio, quando a competência pela prestação dos serviços de regulação e liquidação de sinistros voltou exclusivamente para as seguradoras, foram enxugados os departamentos de sinistro.

Embora as seguradoras continuem prevendo, nas suas cotações e apólices, o condicionamento da aceitação do seguro à inspeção do risco, e reservem para si o direito de realizar inspeções intercorrentes, algumas declarando-se obrigadas a realizá-las para a prevenção do risco do segurado, o fato é que raramente elas se dispõem a efetuar gastos com essas inspeções, deixando de se precaver e de contribuir com a gestão do risco pelos segurados.

Algumas corretoras de seguros, ainda hoje, prestam serviços de inspeção. Estes serviços não são propriamente voltados para a prevenção da frequência e severidade dos sinistros; eles têm foco na avaliação pecuniária do interesse segurado e, quando muito, trazem recomendações básicas de prevenção, por exemplo, a instalação de extintores e *sprinklers* para os seguros de incêndio, sempre tendo por objetivo a determinação da taxa padrão utilizada para cálculo do prêmio do seguro, a fixação do limite do valor segurado e dos sublimites por interesse ou risco, assim como a prevenção de rateios proporcionais indesejados, no caso de sinistro.

Se o apetite comercial e os custos com inspeções de risco causam efeitos sobre o conteúdo resultante dos negócios securitários, a questão se agrava com a falta de investimentos para a formulação de questionários de risco capazes de bem delimitar as declarações necessárias para a aceitação ou não do seguro e a fixação da taxa de prêmio a ser utilizada. O mesmo ocorre com os investimentos realizados na redação das apólices, provavelmente, entre os instrumentos típicos de contratos por adesão, os menos cuidados e mais obscuros, às vezes ininteligíveis.[28]

Finalmente, o intérprete de questões relacionadas com o contrato de seguro e, notadamente, com o tema do agravamento do risco, não

28 Para se ter uma boa ideia de como são maltratados os documentos de uso padronizado dos seguradores, numa apólice empresarial emitida por seguradora de primeira linha encontra-se a seguinte cláusula sobre o tema "inspeção de risco". Vale a pena atentar para a última oração dessa apólice de seguro em plena vigência: "A seguradora se reserva no direito de inspecionar o local de risco antes da emissão da apólice, ou durante a vigência do contrato, para averiguação de fatos ou circunstâncias que porventura impossibilitem a aceitação do seguro ou sua continuidade, identificar as necessidades adicionais de segurança do local do risco e até mesmo classificar corretamente a atividade desenvolvida pelo proponente. Este documento não garante, em hipótese alguma, cobertura para os riscos apresentados e não implica a aceitação do seguro".

pode deixar de ter em conta que as regulações de sinistro também vêm sendo desprestigiadas pelas seguradoras.

Os outrora atinados departamentos de sinistros das seguradoras, afinal, foram resumidos a poucas posições para monitoramento dos prestadores de serviços externos, cada dia mais pressionados para também reduzir os custos.

Essa circunstância comunga a lógica financista dos negócios em geral que, paulatinamente, restringe despesas para aumentar ou preservar as margens de lucro. No Brasil, ela é agravada pela história da política de seguro e resseguro.

Ao longo de muitas décadas, tais quais as inspeções de riscos, as regulações e liquidações de sinistros foram fornecidas ou acompanhadas passo a passo pelo ressegurador monopolista, o IRB.

O IRB tinha o poder-dever de regular todos os sinistros[29] e equipou-se com os recursos humanos mais qualificados. Algumas seguradoras, para receberem do IRB a delegação da execução das regulações dos seus próprios sinistros, investiam na contratação de quadros qualificados, eventualmente profissionais aposentados do IRB.

Nos anos 1990, o movimento da abertura do setor de resseguros e a privatização do IRB acabaram por conduzir à desmobilização das estruturas técnicas, de inspeção e de regulação e liquidação de sinistros, e essas atividades, principalmente as regulações e liquidações, passaram rapidamente a ser controladas, ainda que de fato, pelas resseguradoras. Essa mudança aconteceu primeiro nos chamados seguros vultosos ou de grandes riscos e, logo, os seguros massificados também tiveram suas regulações transferidas para sociedades reguladoras de sinistros.

Essa transferência da responsabilidade pela prestação dos serviços de regulação e de liquidação para sociedades externas, muitas delas

---

29 Decreto-Lei n. 73/66: "Art. 44. Compete ao IRB: I – Na qualidade de órgão regulador de cosseguro, resseguro e retrocessão: g) proceder à liquidação de sinistros, de conformidade com os critérios traçados pelas normas de cada ramo de seguro; (...) i) representar as retrocessionárias nas liquidações de sinistros amigáveis ou judiciais". Estes dispositivos foram revogados pela Lei Complementar n. 126/2007.

pertencentes a reguladoras estrangeiras ou mantendo contratos de representação e cooperação com elas, fenômeno que também se deu no âmbito das advocacias que costumam acompanhar grupos seguradores e resseguradores nas suas operações mundiais, acabou por trazer conceitos, critérios e práticas diferentes dos que aqui se haviam sedimentado, por meio de novos padrões de documentos ou pela interpretação de cláusulas feita durante as regulações e liquidações.

Além disso, as sociedades prestadoras de serviços de regulação e liquidação, inclusive nos seguros de grandes riscos, dependem da escolha ou aceitação pelo setor ressegurador, altamente oligopolizado. A competição entre as reguladoras é acirrada, e cuide-se quem não satisfizer o cliente. Há no mercado, por efeito disto, inúmeras reguladoras proselitistas dos interesses e cultura dos seus contratantes e, cada dia em menor número, algumas que rejeitam imposições das seguradoras e resseguradoras contratantes, e respectivos advogados.

Esse cenário que pode parecer alarmista – e que no Brasil realmente atravessa fase crítica – é essencialmente o mesmo nas economias desenvolvidas. A situação é similar na mais importante sede seguradora e resseguradora europeia. Em livro que, na Alemanha, é referência para a iniciação ao seguro patrimonial industrial (os chamados seguros de grandes riscos ou vultosos), um experiente e qualificado especialista adverte que, embora o ingresso de prêmios seja impressionante, "o ambiente não é de festa e os resultados encontram-se fortemente no vermelho", e que isso, diante da impossibilidade de compensar os prejuízos com os resultados da aplicação dos prêmios arrecadados no mercado financeiro e bursátil, conduz resseguradoras e seguradoras a restringir suas políticas de subscrição de riscos, esvaziar o conteúdo das garantias e fechar as torneiras das indenizações mediante "práticas seguidas na regulação dos sinistros".[30]

---

30 SCHNEIDER Wolfgang. "Industrielle Sachversicherung" [Seguro Patrimonial Industrial]. *In*: HÖRA, Knut (Herausgegeben). *Münchener Anwalts Handbuch: Versicherungsrecht*. 4., überaibertete und erweitete Aufl. München: C. H. Beck, 2017.

Tendo em vista as particularidades anotadas, podemos seguir examinando o tema do agravamento do risco que, como dissemos, é fonte frequente de conflitos e, muitas vezes, é confundido com outros institutos jurídicos.

O agravamento do risco a que se refere o artigo 768 do Código Civil é a conduta voluntária do segurado "capaz de agravar consideravelmente o risco coberto". Diversos autores entendem que se trata do ato do segurado intencionalmente praticado com o objetivo de que o sinistro se produza para receber a prestação indenizatória da seguradora. A exigência do dolo direto atinente à obtenção da prestação de seguro parece demasia. O asseguramento do dolo em si, independente da intenção de fraude, ofende a ordem pública, e a conduta dolosa suprime a álea ínsita à ideia de risco e sinistro, fato já disciplinado no art. 762. Sabe-se que ordem pública e supressão da aleatoriedade do sinistro são os dois fundamentos da inassegurabilidade. Por isso, essa leitura restritiva do dispositivo não faria sentido.

O remédio contra o agravamento aplica-se sempre que o segurado, independentemente de haver programado receber a indenização do seguro, lesiona deliberadamente o interesse que assegurou.[31] Ter interesse

---

31 Em acórdão recente, o Desembargador Enio Santarelli Zuliani ressaltou a importância de se verificar sempre o real interesse segurado para que se possa fazer incidir ou não o regime do agravamento do risco: "A outra questão, a respeito do eventual agravamento do risco, também me pareceu que não se amolda à situação prevista aqui na doutrina, porque o nosso Código ele não normatiza o que é agravamento do risco. Nós temos que buscar na doutrina. A doutrina diz que tem que ser substancial. Tem que ser uma conduta que agrava de maneira substancial. E eu não vi isso, porque me parece que essa troca de cinco unidades não me parece que tenha sido o problema que originou o inadimplemento completo da obra que agora está sendo tomada a sequência por outros meios. Então, Doutor advogado, Doutor [...], advogado da seguradora: me parece aqui que a questão do interesse, que é o nome que a doutrina dá para categorizar esse tipo de contrato de garantia, que o interesse está presente aqui. Que o interesse era proteger aquela que era proprietária do terreno e que está em prejuízo porque a obra está incompleta. Tinha um seguro e esse seguro haverá de ser pago" (Voto do Des. Enio Santarelli Zuliani na apelação cível

legítimo, portanto, interesse assegurável e assegurado, é não querer que o sinistro aconteça. Mas não se esgota necessariamente aí a base de incidência da exceção por agravamento. Há situações excepcionais em que o segurado está consciente de que a conduta pela qual opta imotivadamente propicia o substancial aumento da possibilidade de ocorrência de sinistro, assumindo o segurado o risco desse resultado. Pode-se, em outras palavras, afirmar que o chamado dolo eventual – a assunção consciente do risco de suceder o resultado indesejado – pode, em certos casos, caracterizar conduta autorizadora da exceção de agravamento.

Tanto o dolo direto quanto, em certas circunstâncias, o dolo indireto, produzem o desaparecimento da legitimidade do interesse segurado, exigida no artigo 757 do Código Civil. Aquele que lesiona um interesse sobre qualquer de seus bens ou assume ser essa lesão resultado indiferente para sua conduta revela a ausência do interesse legítimo. Por isso, não apenas perde o direito à indenização, como o direito à garantia do seguro, resolvendo-se o contrato, sem reembolso dos prêmios devidos.

O dolo indireto, porém, pode constituir comportamento ajustado ao seguro, como acontece sempre que o segurado optar por um resultado para evitar mal maior (danos mais severos ou danos a bens da vida prioritários).

Para desmistificar a ideia de que o dolo eventual é necessariamente excludente do dever de indenizar da seguradora, lembre-se que ele pode constituir, até mesmo, um ato de salvamento ou contenção que o segurado deve praticar enquanto a seguradora não teve como dar início ao serviço de regulação de sinistro, sob pena de perder direito ao seguro na eventualidade de sua omissão vir a prejudicá-la (Código Civil, artigo 771, parágrafo único).

De fato, pressionado pela circunstância do sinistro ou de sua iminência, o segurado muitas vezes é levado a condutas limites, à "escolha de Sofia".

---

n. 1023359-89.2019.8.26.0100 – Apelantes: EVEN EMPREENDIMENTOS IMOBILIÁRIOS LTDA. e FAIRFAX BRASIL SEGUROS CORPORATIVOS S.A. 4ª Câmara de Direito Privado. Relatora Des. Marcia Dalla Déa Barone, j. 02.07.2020).

Casos reais dramáticos mimetizam, na infortunística, o fenômeno do dolo eventual ou o que se pode chamar de "escolha de Sofia".

Em 1996, o Fokker-100 da TAM, pilotado pelo Comandante Moreno, caiu logo após decolar do aeroporto de Congonhas, em São Paulo. As caixas-pretas da aeronave registraram, nos momentos anteriores ao acidente, a conversa entre Moreno e os demais tripulantes. Inicialmente, o Comandante diz que tentará retornar, mas, com a iminência do acidente, suas últimas palavras teriam sido "estou livrando a escola", e jogou o avião de encontro a um sobrado.

Barragens podem romper em questão de horas, por galgamento ou erosão interna, colocando em risco as populações a jusante, nas áreas de autossalvamento. Por este motivo, as barragens são classificadas em função do dano potencial e das consequências humanas, econômicas e ambientais de um eventual acidente. Quando iminente a materialização do risco, equipes são enviadas para tentar impedir ou retardar a ruptura, trabalhando em zonas onde há clara ameaça a vidas humanas, momento em que o engenheiro responsável faz uma escolha entre seus operadores e a população vivendo a jusante da barragem.

No famoso acidente de Teton Dam, que rompeu em 1976 nos Estados Unidos, houve um hiato de apenas 4 horas entre a primeira surgência de água no talude e a ruptura completa da barragem. Os relatos técnicos (fotos abundantes na internet) reportam que "crews with bulldozers were sent to plug the leak, but were unsuccessful". Aparentemente, não houve mortes de trabalhadores durante o episódio, porém teriam morrido 11 pessoas em função da ruptura.

Nas áreas de mineração, são frequentes os acidentes em túneis, com o desmoronamento de galerias de acesso e o consequente bloqueio de equipes de mineiros, que ficam presos no seu interior. Nestes casos, é comum o gerente de operações montar pequenas equipes de resgate, muito experientes, que se deslocam para a área de rompimento no sentido de avaliar a situação e, eventualmente, debloquear o caminho, não raro às custas de suas próprias vidas.

Quando acontecem incêndios, equipes de bombeiros são enviadas para salvar pessoas ou impedir que o fogo se alastre para estruturas vizinhas. Muitos bombeiros morrem durante esses procedimentos.

Existe uma escolha entre salvar as pessoas em risco e colocar em risco as equipes enviadas às áreas dominadas pelo fogo. Existem relatos interessantes, e até filmes, sobre morte de equipes de resgate enviadas para conter incêndios florestais. Os comandantes decidem quanto à posição das equipes, e algumas são cercadas pelo fogo e morrem no local.

As instalações de uma plataforma *offshore* para exploração de óleo e gás, situada no Golfo do México, sofreram explosão inicial que provocou mortes e muitos feridos. Uma equipe de resgate foi enviada para a retirada dos trabalhadores. Não havendo tempo para sua evacuação, a equipe de socorro morreu ao final do resgate.

Nas instalações logísticas, a movimentação de cargas nos pátios e para embarques e desembarques, muitas vezes, é feita por sistemas automatizados, com o uso de esteiras, empilhadeiras e veículos carregadores/descarregadores. Quando um ou mais desses elementos da logística portuária sofrem danos ou ficam à mercê de sofrê-los iminentemente, e a operação tem de ser interrompida, ameaçando prejuízos com perda de mercado, lucros cessantes, *demurrage* etc. (eventualmente garantidos por um seguro), o segurado deve adotar todas as medidas ao seu alcance, até o comparecimento da seguradora, no interesse próprio e como gestor de negócio da seguradora, para o fim de evitar ou atenuar os efeitos do sinistro. Entre essas medidas, muitas vezes, o operador portuário é obrigado a alterar os métodos e os meios de armazenamento, e a movimentação por outros sabidamente mais perigosos do que os existentes antes do sinistro.

Sabe-se que os países com maior poder econômico e político exercem o império sobre os cidadãos e as empresas dos demais países por meio da órgãos estatais ou agências. O exemplo mais conhecido é o da agência norte-americana de controle e fiscalização do mercado mobiliário, a Securities and Exchange Commission (SEC), que extrapola os limites nacionais, especialmente, em temas que envolvam a suspeita de corrupção.[32] Para suas atividades, a SEC utiliza-se do sistema de barganha processual, que se vale da técnica de obter a cooperação dos

32 DAVIS, Kevin E. *Between Impunity and Imperialism*: The Regulation of Transnational Bribery. Oxford: Oxford University Press, 2019.

investigados mediante a criação de contexto de coerção (coerced cooperation). Assim como acontece nacionalmente, quando os particulares são levados a celebrar o Termo de Ajuste de Conduta imposto pelos órgãos do Ministério Público, as empresas implicadas em investigações conduzidas pela SEC, por vezes, são levadas a celebrar acordos e fazer confissões sem que haja uma alternativa real entre a aceitação e a rejeição dos seus termos. Os custos de defesa e a severidade das eventuais sanções transformam a sujeição ao procedimento em estratégia antieconômica e de alto risco. As consequências colaterais graves da simples continuidade do procedimento de investigação pela SEC são em geral desproporcionais e indesejáveis, chegando a doutrina a utilizar a expressão “morte por acusação” (death by indictment). Veja-se a matéria de Jean-Michel Quatrepoint:[33]

> O DOJ [Department of Justice] e os outros órgãos se comportam como procuradores, com um objetivo: obter uma “declaração de culpa” por parte do acusado. Quanto mais este último demorar para confessar e aceitar a sentença, mais pesada ela será. É o que explica em parte a diferença de tratamento em matéria de corrupção entre as empresas norte-americanas e as outras. Acostumadas com os procedimentos desse tipo, as primeiras negociam muito rápido, enquanto as segundas, como a Siemens e a Alstom, demoram para ter noção do perigo.

As empresas e executivos brasileiros têm-se encontrado nesse contexto, especialmente, mas não só, a partir da Operação Lava Jato. Até mesmo uma confissão, desse modo, pode ser considerada, a depender das circunstâncias do caso concreto, conduta destinada a reduzir os efeitos do sinistro.

Distinta do dolo, direto ou indireto, é a chamada culpa consciente. A diferença entre o dolo eventual e a culpa consciente é o fato de que, no segundo caso, o segurado, embora cogite sobre o resultado lesivo

---

33 QUATREPOINT, Jean-Michel. “Em nome da lei americana...”. *Le Monde Diplomatique – Brasil*, n. 115, 17 abr. 2017. Disponível em: https://diplomatique.org.br/em-nome-da-lei-americana/. Acesso em: 11 ago. 2021.

ao interesse segurado que sua conduta pode acarretar, acredita que isso não ocorrerá. O resultado para ele não é indiferente, como ocorre no caso do dolo indireto ou eventual. A culpa consciente não integra o tipo do artigo 768. A conduta em si não corresponde a ato voluntário de agravamento do risco. Essa distinção fundamental entre dolo, direto ou indireto, e culpa consciente, tão comum aos estudiosos do direito penal, mas na qual a jurisprudência em matéria de seguro às vezes ainda vacila, é mais assentada no direito estrangeiro. Em obra recente, Chagny e Perdrix noticiam a interpretação restritiva dada pela Corte de Cassação francesa à ideia de ato doloso ou intencional. Ela não abrange, por exemplo, atos negligentes, realizados com a simples consciência de que representam um risco.[34] A solução é a mesma no direito brasileiro. Por mais intensa que seja a culpa, apenas o dolo integra o suporte fático do artigo 768 do Código Civil. Com a devida parcimônia: a culpa com cara, cheiro e gosto de dolo poderá provocar a incidência do regime do agravamento, isto porque a prova do dolo é extremamente difícil e casos-limite exigem a presença da agregada na família.

Inúmeros juristas distanciam o instituto da chamada culpa grave, ressaltando a necessidade do dolo específico, da intenção de fraude.[35]

---

34 MURIEL, Chagny ; PERDRIX, Louis. *Droit des assurances*. 4. ed. Paris: LGDJ, 2018. p. 152-153.

35 A propósito, ainda sob o Código Civil de 1916, que sequer mencionava o dolo ou a má-fé nos seus arts. 1.454 e 1.455, Miguel Reale ressaltava "o cuidado do legislador ao disciplinar a matéria, exigindo que o aplicador da pena não se deixe levar por elementos aparentes ('probabilidades infundadas') e só prive o seguro de eficácia quando haja elementos tangíveis que comprovem tenha o segurado efetiva e intencionalmente agido de modo a aumentar os riscos do contrato" (REALE, Miguel. "A equidade nos contratos de seguro". *In*: REALE, Miguel. *Teoria e prática do direito*. São Paulo: Saraiva, 1984. p. 308). Judith Martins-Costa confirma a necessidade do dolo fraudulento e da persistência do agravamento, de forma a afastar de sua caracterização meros atos voluntários efêmeros: "O que exige a lei sob pena da perda do direito à indenização não é simplesmente o aumento do risco e sim o aumento qualificado do risco. E essa qualificação há de operar pelo ato intencional do segurado e pela persistência do agravamento. A perda do direito decorre, portanto, de uma conduta de má-fé" (MARTINS-COSTA, Judith. *A boa-fé no direito privado*: critérios para sua aplicação.

O ônus da prova do agravamento do risco, que extingue de plano a garantia do seguro, cabe à seguradora. Essa prova deve ser considerada com muito cuidado nos casos limítrofes do dolo eventual e da

---

2. ed. São Paulo: Saraiva, 2018. p. 381). A professora Margarida Lima Rego também enfatiza que "[o] que o seguro, por natureza, não cobre é o sinistro provocado pelo segurado com *animus nocendi*, isto é, com a intenção única ou predominante de receber a indenização do segurador" (REGO, Margarida Lima. *Contrato de seguro e terceiros*. Coimbra: Coimbra Ed., 2010. p. 163). Outra não é a lição de Ruy Rosado de Aguiar Jr.: "A intenção está no consciente direcionamento da ação ao fim almejado. Quer dizer, o segurado pratica (comissão) ou deixa de praticar (omissão) ato voluntário com o propósito de assim causar aumento do risco contratado. É o dolo direto" (AGUIAR JÚNIOR, Ruy R. de. "Agravamento de risco: conceitos e limites". *In*: IBDS (coord.). VII Fórum de Direito do Seguro José Sollero Filho. *Lei de contrato de seguro*: solidariedade ou exclusão. Em homenagem a Rubén Stiglitz. São Paulo: Roncarati, 2018. p. 130-134). Cuidando especificamente do art. 768 do Código Civil, Luiz Edson Fachin também leciona que "não é qualquer majoração do risco que enseja a exclusão do dever de pagamento pela seguradora, mas apenas aquela voltada à percepção da prestação do capital contratado. Ainda, apenas pode ser levado a efeitos práticos o presente dispositivo quando existir prova cabal que demonstre vontade preordenada do segurado em dolosamente obter o pagamento da seguradora" (FACHIN, Luiz Edson. "Contrato de seguro e o agravamento de risco na perspectiva do Código Civil brasileiro". In: REVISTA DOS TRIBUNAIS. *Soluções Práticas de Direito*: Pareceres. São Paulo: Ed. Revista dos Tribunais, 2012. vol. 1, p. 185). José Augusto Delgado confirma que para haver o agravamento, "[o] risco agravado pelo segurado é risco causado por vontade própria, isto é, com intenção de se beneficiar do valor da garantia", e conclui: "Embora o legislador não mencione expressamente, há de se conceber na expressão 'agravar intencionalmente o risco' a exigência de um comportamento doloso" (DELGADO, José Augusto. "Comentários ao Novo Código Civil". *In*: TEIXEIRA, Sálvio de F. (coord.). *Comentários ao novo Código Civil*. Rio de Janeiro: Forense, 2004. p. 243-247). Vale conferir acórdão da 3ª Turma do e. SUPERIOR TRIBUNAL DE JUSTIÇA, relatora a Ministra NANCY ANDRIGHI, que enfrentou verticalmente a questão do agravamento do risco no contrato de seguro: "(...) o CC/02 disciplinou no art. 768 que 'o segurado perderá o direito à garantia se agravar intencionalmente o risco objeto do contrato'. Agravar o risco significa, portanto, o aumento da probabilidade de ocorrência da lesão ao interesse garantido ou da extensão do dano, alterando as circunstâncias previstas na formação do contrato.

culpa consciente. Esse ônus não é absurdo a ponto de permitir a confusão entre as distintas circunstâncias, sendo comum no processo penal enfrentar-se situações do tipo.[36]

(...) Para que possa ter aplicação a regra contida no dispositivo de lei em comento, exige-se a conjugação de duas condições. A primeira diz respeito à intencionalidade. Enquanto o diploma civil anterior parificava toda e qualquer agravação (...), o CC/02 previu que, para a configuração de tal agravamento, mister que o segurado aja intencionalmente de forma a aumentar o risco, ou seja, voluntariamente se arrisque ao resultado danoso. (...) Por conseguinte, constata-se, pela simples leitura do preceito de lei, que o agravamento dos riscos deve ocorrer de forma proposital, porquanto – como contrato bilateral que é – somente tal atitude afetaria a equivalência objetiva da prestação" (STJ, 3ª Turma, REsp n. 1.175.577 – PR).

36 (i) "AGRAVO INTERNO. AGRAVO DE INSTRUMENTO. HOMICÍDIO. ACIDENTE DE TRÂNSITO. DOLO EVENTUAL. CULPA CONSCIENTE. REVALORAÇÃO DE PROVAS. AGRAVO A QUE SE NEGA PROVIMENTO. 1. Considerando que o dolo eventual não é extraído da mente do acusado, mas das circunstâncias do fato, na hipótese em que a denúncia limita-se a narrar o elemento cognitivo do dolo, o seu aspecto de conhecimento pressuposto ao querer (vontade), não há como concluir pela existência do dolo eventual. Para tanto, há que evidenciar como e em que momento o sujeito assumiu o risco de produzir o resultado, isto é, admitiu e aceitou o risco de produzi-lo. Deve-se demonstrar a antevisão do resultado, isto é, a percepção de que é possível causá-lo antes da realização do comportamento. 2. Agravo a que se nega provimento" (Superior Tribunal de Justiça, Agravo Regimental no Agravo de Instrumento, 1189970 – DF 2009/01050713-6, Relator: Min. CELSO LIMONGI, 2010). (ii) "PENAL. PROCESSUAL. AGRAVO REGIMENTAL EM RECURSO ESPECIAL. ALÍNEA C DO PERMISSIVO CONSTITUCIONAL. FALTA DE COTEJO ANALÍTICO. IMPOSSIBILIDADE DE EXAME DA DIVERGÊNCIA JURISPRUDENCIAL. HOMICÍDIO. ACIDENTE DE TRÂNSITO. DOLO EVENTUAL. CULPA CONSCIENTE. REVALORAÇÃO DE PROVAS. POSSIBILIDADE. INEXISTÊNCIA DE ELEMENTOS DO DOLO EVENTUAL. CIRCUNSTÂNCIAS DO FATO QUE NÃO EVIDENCIAM A ANTEVISÃO E A ASSUNÇÃO DO RESULTADO PELO RÉU. DESCLASSIFICAÇÃO DA CONDUTA QUE SE IMPÕE. AGRAVO A QUE SE NEGA PROVIMENTO. 4. Considerando que o dolo eventual não é extraído da mente do acusado, mas das circunstâncias do fato, na hipótese em que a denúncia limita-se a narrar o elemento cognitivo do dolo, o seu aspecto de conhecimento pressuposto ao querer (vontade), não há como concluir pela existência do dolo eventual. Para tanto, há que evidenciar como e em que momento o sujeito assumiu o risco de produzir o

O enunciado n. 374, na IV Jornada de Direito Civil do Conselho da Justiça Federal, chama a atenção para a importância da prova efetiva do agravamento: "No contrato de seguro, o juiz deve proceder com equidade, atentando às circunstâncias reais, e não a probabilidades infundadas, quanto à agravação dos riscos".

Além do nexo entre o ato e o agravamento do risco, a jurisprudência brasileira, acostumada a examinar o tema apenas em situações de sinistro, também exige o nexo causal estabelecido entre o ato voluntário de agravamento e a concretização do sinistro, pois, como dito, as seguradoras não fazem mais inspeções prévias ou intercorrentes dos riscos que asseguram, praticamente anulando a possibilidade de arguição de resolução por agravamento antes da ocorrência dos sinistros. Talvez por recearem causar injustiças os juízes passaram a considerar o nexo entre o risco que se imputa agravado e o evento danoso ou sinistro. Haveria, assim, uma desnaturação do agravamento para evitar subjetividades.

Nos seguros de vida e acidentes pessoais, a jurisprudência brasileira, felizmente, tem aplanado o uso abusivo da exceção por agravamento. As decisões em casos de embriaguez do segurado servem de exemplo a essa tendência.[37]

---

resultado, isto é, admitiu e aceitou o risco de produzi-lo. Deve-se demonstrar a antevisão do resultado, isto é, a percepção de que é possível causá-lo antes da realização do comportamento. 5. Agravo a que se nega provimento" (Superior Tribunal de Justiça, Agravo Regimental no Recurso Especial, 1043279 - PR 2008/0066044-4, Relatora: JANE SILVA, 2008).

37 A propósito conferir os seguintes julgados do STJ de 2019. (1) "Seguro de vida. AgInt nos EDcl no REsp 1818906/SP, Rel. Ministro RAUL ARAÚJO, QUARTA TURMA, julgado em 05/12/2019, DJe 18/12/2019. AGRAVO INTERNO NOS EMBARGOS DE DECLARAÇÃO NO RECURSO ESPECIAL. AÇÃO DE COBRANÇA DE SEGURO DE VIDA. ACIDENTE DE TRÂNSITO. MORTE DO SEGURADO. NEGATIVA DE COBERTURA PELA SEGURADORA. ALEGAÇÃO DE AGRAVAMENTO DO RISCO. EMBRIAGUEZ. SÚMULA 620/STJ. AGRAVO INTERNO DESPROVIDO. 'A embriaguez do segurado não exime a seguradora do pagamento da indenização prevista em contrato de seguro de vida' (Súmula 620, SEGUNDA SEÇÃO, DJe de 17/12/2018). 2. Agravo interno a que se nega provimento". (2) "AgInt no REsp 1728428/

O tratamento dos remédios contra o agravamento do risco sofre certa confusão no âmbito dos seguros de dano, ou "não vida", em razão de haver-se tornado comum classificar como caso de agravamento a condução, pelo segurado e/ou seus dependentes, do veículo sobre o qual recai o interesse coberto pelo seguro, quando o que conduz se encontrar em estado de embriaguez.

A questão, porém, não é de agravamento do risco. A conduta situa-se no plano da ilicitude penal. Os riscos da conduta dolosa (roubar, matar, receptar, enganar etc.) em favor do agente doloso não são asseguráveis porque ofendem a ordem pública. É o caso da embriaguez ao volante.

A jurisprudência que se desenvolve sobre o tema da embriaguez nos seguros automobilísticos e de transporte terrestre, e que, para solucionar essa tão particular questão, classifica-a no artigo 768, ameaça a compreensão dos remédios contra agravamento e sua correta aplicação. Os principais efeitos distorcidos são a equiparação do dolo à culpa grave e a admissão de presunção relativa de agravamento do risco, onde se requer prova do fundamento fático para a resolução do

---

SC, Rel. Ministro RICARDO VILLAS BÔAS CUEVA, TERCEIRA TURMA, julgado em 25/02/2019, DJe 01/03/2019. AGRAVO INTERNO NO RECURSO ESPECIAL. CIVIL. SEGURO DE VIDA. ACIDENTE DE TRÂNSITO. CAUSA DO SINISTRO. EMBRIAGUEZ DO SEGURADO. MORTE ACIDENTAL. AGRAVAMENTO DO RISCO. DESCARACTERIZAÇÃO. DEVER DE INDENIZAR DA SEGURADORA. ESPÉCIE SECURITÁRIA. COBERTURA AMPLA. CLÁUSULA DE EXCLUSÃO. ABUSIVIDADE. SEGURO DE AUTOMÓVEL. TRATAMENTO DIVERSO. 1. Recurso especial interposto contra acórdão publicado na vigência do Código de Processo Civil de 2015 (Enunciados Administrativos n. 2 e 3/STJ). 2. No seguro de vida, ao contrário do que ocorre no seguro de automóvel, é vedada a exclusão de cobertura na hipótese de sinistros ou acidentes decorrentes de atos praticados pelo segurado em estado de insanidade mental, de alcoolismo ou sob efeito de substâncias tóxicas (Carta Circular SUSEP/DETEC/GAB n. 8/2007). Precedentes. 3. As cláusulas restritivas do dever de indenizar no contrato de seguro de vida são mais raras, visto que não podem esvaziar a finalidade do contrato, sendo da essência do seguro de vida um permanente e contínuo agravamento do risco segurado".

contrato, que não se pode confundir com o simples perdimento do direito ao recebimento da indenização.[38]

A propósito, a ideia de presunção de agravamento desafia a Súmula n. 465 do STJ: "Ressalvada a hipótese de efetivo agravamento

38 O agravamento, exceção de resolução do contrato – e não excludente do simples dever de indenizar – não admite presunção. Cabe a prova ao que alega o fundamento para a resolução contratual. As decisões que versam sobre a embriaguez, notadamente a de terceiro, levaram à construção do que se tem chamado no STJ por "presunção judicial de agravamento do risco": "RECURSO ESPECIAL. SEGURO. ACIDENTE AÉREO. AGRAVAMENTO DO RISCO. EXCLUSÃO DE COBERTURA SECURITÁRIA POR ATO DO SEGURADO. VIOLAÇÃO DAS NORMAS PRIMÁRIAS DE SEGURANÇA DO SISTEMA AERONÁUTICO. AUSÊNCIA DE HABILITAÇÃO ESPECÍFICA DO PILOTO E HABILITAÇÃO VENCIDA DO COPILOTO. SOLICITAÇÃO DE PLANO DE VOO POR PILOTO DIVERSO. RESPONSABILIDADE DO COMANDANTE. CÓDIGO AERONÁUTICO. 1. 'Enquanto vigorar o contrato, o segurado abster-se-á de tudo quanto possa aumentar os riscos ou seja contrário aos termos do contrato, sob pena de perder o direito ao seguro', nos termos do art. 1.454 do CC/16 – cuja exegese é mantida pela atual redação do artigo 768 do CC/2002 ('O segurado perderá o direito à garantia se agravar intencionalmente o risco objeto do contrato'). 2. Sobre as hipóteses de agravamento do risco, o Superior Tribunal de Justiça perfilha entendimento de que 'a ausência de habilitação para dirigir não configura, por si só, o agravamento intencional do risco por parte do segurado, apto a afastar a obrigação de indenizar da seguradora', fazendo-se necessário que à referida circunstância sejam acrescidos outros fatores que caracterizem o incremento do risco. Precedentes. 3. Na mesma linha, a jurisprudência desta Corte aponta para situações de 'presunção judicial de agravamento do risco', evidenciadas pelo dolo ou culpa do segurado, 'que tem o dever de vigilância (culpa in vigilando) e o dever de escolha adequada daquele a quem confia a prática do ato (culpa *in eligendo*), dotadas de gravidade suficiente' (REsp 1485717/ SP, Rel. Ministro Ricardo Vilas Bôas Cueva, Terceira Turma, julgado em 22/11/2016, DJe de 14/12/2016). 4. Nesse passo, a ausência de habilitação específica do piloto para conduzir aeronave por instrumentos e a condução de copiloto com habilitação vencida, associadas a irregularidades no plano de voo em razão de autorização concedida a piloto diverso – fatores que se encontram na esfera de responsabilidade do comandante e que se revelaram preponderantes ao sinistro – evidenciam

do risco, a seguradora não se exime do dever de indenizar em razão da transferência do veículo sem a sua prévia comunicação".

Não se presume desequilíbrio contratual. Muito menos o agravamento que pode sacrificar o crédito à garantia e o crédito à indenização, no momento em que o segurado mais necessita. Por isso, é pacífico na doutrina que:

> Sólo las modificaciones que encierran mayor amenaza que aquélla para cuya protección se emite el seguro, de acuerdo con el estado objetivo del riesgo en el momento de su incorporación a la comunidad, merecen considerarse factores capaces de romper dicho equilibrio.[39]

Nos seguros de dano, a discussão sobre o agravamento tem ganhado importância crescente. As circunstâncias de mercado e a crise econômica contribuem para que a arguição seja feita com maior constância. Assim, em sinistros abrigados por apólices que cobrem operações industriais e logísticas, com feixe de cobertura contra todos os riscos (all risks), incluindo até mesmo atos de sabotagem cometidos pelos empregados, é possível observar regulações arguindo o agravamento do risco por culpa *in vigilando* e *in eligendo*, o que é um evidente contrassenso. A culpa, incluindo a culpa grave, não pode ser utilizada com licenciosidade para aferir a ocorrência de agravamento do risco, assim como os paquímetros do Japão, da Finlândia ou da Alemanha não têm acurácia ajustada para aferir desvios em condutas ocorridas em certas atividades ambientadas nos países em desenvolvimento,

---

situação de agravamento de risco. 5. Isso porque, sob o prisma da boa-fé, quando o segurado pratica conduta desidiosa ou ilícita, por dolo ou culpa, e, em tal contexto, frustra as justas expectativas da execução do contrato de seguro, contribui para o agravamento, cuja consequência não é outra senão a exoneração do dever de indenizar pela seguradora – ainda que, porventura, referente a fato de terceiro, conforme a jurisprudência desta Corte. 6. Recurso especial não provido" (REsp 1466237/SP, Rel. Ministro LUIS FELIPE SALOMÃO, Quarta Turma, julgado em 29/10/2019, DJe 18/12/2019).

39 MORANDI, Juan Carlos Félix. *El riesgo en el contrato de seguro*: régimen de las modificaciones que lo agravan. Buenos Aires: Astrea, 1974. p. 46.

como o Brasil. Tudo precisa ser bem ajustado para funcionar adequadamente, inclusive os seguros. Há atividades robotizadas, com seguros desenvolvidos a partir dessa condição produtiva de alta tecnologia, que, em determinados países, onde operam as mesmas resseguradoras que padronizaram suas coberturas tomando por base o estado da arte tecnológico, são exercidas por mãos humanas e, muitas vezes, de pessoas humildes, com pouca instrução.

Situação distinta daquela contemplada pela regra do artigo 768 é a da hipótese tratada pelo artigo 769. Aqui, cuida-se da relevante modificação pejorativa do risco[40] por quaisquer circunstâncias capazes de agravar consideravelmente o risco coberto que não sejam o dolo direto ou o dolo eventual do segurado, ressalte-se: um dolo eventual especialmente grave, tendente à fraude.

O risco sofre modificação substancial e o fato, uma vez conhecido pelo segurado, porque ele próprio o alterou, ou porque tomou conhecimento inequívoco da modificação que não dependeu de sua atividade, deve ser compartilhado com a seguradora para que esta, sendo o caso, exerça o direito à resolução do contrato ou proponha a modificação do seu conteúdo.

Insista-se que o agravamento não se presume e o ônus da prova do fato e do seu efeito agravador é da seguradora, a menos que a apólice especifique claramente quais são os fatos considerados agravamento do risco, quando o segurado deverá provar que, uma vez acontecido um desses fatos, não foi ele o causador do agravamento. O fato poderá ser provado por qualquer meio, mas, exclusivamente por meio de perícia a efetiva agravação substancial do risco. Afinal, somente um exame cuidadoso do risco, da experiência de sinistralidade, atuarial ou estatisticamente tratada poderá distinguir entre as probabilidades e severidades envolvidas, por exemplo, no uso de um equipamento "em terra",

---

40 O agravamento do risco somente ocorre quando sobrevém uma modificação relevante das circunstâncias existentes no momento de formação do contrato de seguro, que aumenta substancialmente a probabilidade e a intensidade do risco assumido pelo segurador (STIGLITZ, Rubén; STIGLITZ, Gabriel. *Contrato de seguro*. Buenos Aires: La Rocca, 1988. p. 374).

"à beira d'água" ou "sobre a água" ou "embarcado", caso disso dependa a solução de uma reclamação de sinistro.

Caso o segurado esteja de má-fé, isto é, caso ele omita dolosamente da seguradora a agravação do risco, perde o direito à garantia (art. 769, *caput*). Logicamente, isso não ocorrerá quando a seguradora, por outro meio, saiba ou deva saber do fato omitido e dos efeitos que ele potencializa.

A omissão culposa não gera efeitos liberadores da responsabilidade da seguradora. Entretanto, quando ela vem a tomar conhecimento, por si própria, por terceiro ou por informação tardia do segurado, abrem-se duas diferentes possibilidades de conduta: silenciar e preservar hígido o contrato ou, no prazo de 15 dias, cientificar o segurado de sua decisão de resolvê-lo, mantendo a garantia pelo prazo de 30 dias, contado da data em que o segurado for pessoalmente comunicado da opção pela resolução, e restituindo-lhe a diferença de prêmio (art. 769 e §§ 1° e 2°). Passados aqueles 15 dias, é extinto o direito de resolver o contrato.

A decisão resolutiva não pode ser retardada. Ela tem prazo que dispara do seu conhecimento, por qualquer meio, ou do momento em que deveria conhecer o fato agravador e que, ao não ser observado, faz desaparecerem todas as consequências ou efeitos contratuais do agravamento. A seguradora omissa vincula-se ao novo estado do risco e não poderá utilizar a defesa de agravamento do risco para recusar a indenização de um sinistro.

Logicamente, a seguradora somente poderá optar pela resolução quando o agravamento tornar impossível a continuidade do seguro. Caso contrário, não pode simplesmente resolver o contrato e deve oferecer ao segurado uma terceira solução, não prevista pelo legislador, mas amparada pelo princípio da conservação dos negócios jurídicos, que informa todo o direito privado: ajustar a garantia e/ou o prêmio para que se preserve o seguro. A resolução desnecessária equivale a desvio de finalidade do direito à resolução, fazendo incidir a regra do artigo 187 do Código Civil.

Tanto no caso do artigo 768, quanto na hipótese de resolução com fundamento no § 1° do artigo 769, os efeitos serão para o futuro (*ex nunc*), salvo se, no caso do artigo 768, o segurado tenha demorado para comunicar a modificação à seguradora. Para encerrar, faço referência ao Projeto de Lei de Contrato de Seguro brasileiro (PLC 29/2017), a meu ver capaz de reduzir substancialmente as dúvidas a respeito do regime de agravamento do risco.

Para facilitar a consulta dos leitores, nos anexos deste livro estão os dispositivos do PLC 29/2017 e a análise da jurisprudência dos principais tribunais nacionais sobre o agravamento do risco.

ANEXO 1
AGRAVAMENTO DO RISCO: PLC 29/2017

(EXCERTO)

CAPÍTULO III
DO RISCO

Art. 14. O contrato cobre os riscos relativos à espécie de seguro contratada.

§ 1º Os riscos excluídos e os interesses não indenizáveis devem ser descritos de forma clara e inequívoca.

§ 2º Se houver divergência entre os riscos delimitados no contrato e os previstos no modelo de contrato ou nas notas técnicas e atuariais apresentados ao órgão fiscalizador competente, prevalecerá o texto mais favorável ao segurado.

§ 3º Quando a seguradora se obrigar a garantir diferentes interesses e riscos, deverá a contratação preencher os requisitos exigidos para a garantia de cada um dos interesses e riscos abrangidos pelo contrato, de modo que a extinção ou nulidade de uma garantia não prejudicará as demais.

§ 4º A garantia nos seguros de transporte de bens e de responsabilidade civil pelos danos relacionados com essa atividade começa no momento em que as mercadorias são de fato recebidas pelo transportador e cessa com a entrega ao destinatário.

Art. 15. O contrato pode ser celebrado para toda classe de risco, salvo vedação legal.

Parágrafo único. São nulas as garantias, sem prejuízo de outras vedadas em lei:

I – de interesses patrimoniais relativos aos valores das multas e outras penalidades aplicadas em virtude de atos cometidos pessoalmente pelo segurado que caracterizem ilícito criminal; e

II – contra risco proveniente de ato doloso do segurado, do beneficiário ou de representante de um ou de outro, salvo o dolo do representante do segurado ou do beneficiário em prejuízo desses.

Art. 16. O contrato é nulo quando qualquer das partes souber, desde o momento de sua conclusão, que o risco é impossível ou já se realizou.

Parágrafo único. A parte que tiver conhecimento da impossibilidade ou da prévia realização do risco e, não obstante, contratar pagará à outra o dobro do valor do prêmio.

Art. 17. Desaparecido o risco, resolve-se o contrato com a redução do prêmio pelo valor equivalente ao risco a decorrer, ressalvado, na mesma proporção, o direito da seguradora às despesas realizadas com a contratação.

Art. 18. O segurado deve comunicar à seguradora relevante agravamento do risco, tão logo tome conhecimento, inclusive o derivado de motivo alheio à sua vontade.

§ 1º Será relevante o agravamento que conduza ao aumento significativo e continuado da probabilidade de realização do risco ou da severidade de seus efeitos.

§ 2º Depois de ciente, a seguradora poderá, até o prazo máximo de vinte dias, cobrar a diferença de prêmio ou, não sendo possível tecnicamente garantir o novo risco, resolver o contrato.

§ 3º A resolução deve ser feita por carta registrada com aviso de recebimento ou meio idôneo equivalente, e deverá a seguradora restituir a eventual diferença de prêmio, ressalvado, na mesma proporção, o direito da seguradora às despesas realizadas com a contratação.

§ 4º No agravamento voluntário por parte do segurado ou beneficiário, a resolução por parte da seguradora produzirá efeitos desde o momento em que os riscos foram agravados.

§ 5º A seguradora não responderá pelas consequências do ato praticado com a intenção de aumentar a probabilidade ou de tornar mais severos os efeitos do sinistro.

§ 6º Nos seguros sobre a vida ou integridade física a seguradora poderá cobrar a diferença de prêmio, em caso de agravamento voluntário do risco.

Art. 19. Perde a garantia o segurado que dolosamente não comunicar o fato causador de relevante agravamento do risco.

Parágrafo único. O segurado que culposamente não comunicar o fato causador de relevante agravamento do risco do qual tenha tomado ciência será obrigado a pagar a diferença de prêmio que for apurada ou, se a garantia for tecnicamente impossível ou o fato corresponder a tipo de risco que não é subscrito pela seguradora, não fará jus à indenização.

Art. 20. Se houver relevante redução do risco, o valor do prêmio será proporcionalmente reduzido, ressalvado, na mesma proporção, o direito da seguradora às despesas realizadas com a contratação.

(...)

CAPÍTULO VIII
DA FORMAÇÃO E DURAÇÃO DO CONTRATO

(...)

Art. 49. A seguradora deverá alertar o proponente sobre quais são as informações relevantes a serem prestadas para a aceitação e formação do contrato e esclarecer nos seus impressos e questionários as consequências do descumprimento desse dever.

(...)

CÂMARA DOS DEPUTADOS, de abril de 2017.

RODRIGO MAIA
Presidente

ANEXO 2
AGRAVAMENTO DO RISCO: JURISPRUDÊNCIA

A JURISPRUDÊNCIA NÃO TRATA PROPRIAMENTE O AGRAVAMENTO DO RISCO dos arts. 768 e 769. O fenômeno jurisprudencial desenvolve-se a partir da experiência concreta. Na vida real, a seguradora raramente inspeciona ou acompanha o estado de risco do contrato. Ela apenas entra em cena após o sinistro, para regulá-lo e decidir a respeito da indenização. Diante dessa situação, não surpreende que pouco importe distinguir friamente as situações de *inexistência* de garantia das situações de *perda* de garantia *anteriores* à ocorrência do sinistro e estas, das *concomitantes*; bem como as situações *legais* das hipóteses *convencionais* de perda de garantia. O resultado prático é o mesmo: não pagará nada ao segurado.

Não por outra razão, a principal confusão que se extrai dos acórdãos é entre (i) agravamento do risco (causa anterior, legal) e causação intencional do sinistro (causa concomitante, legal); (ii) omissão dolosa de informações (garantia inexistente) e agravamento de risco; e (iii) cláusulas de exclusão ou de limitação de garantia (garantia inexistente) e agravamento do risco.

A confusão não é recente. Embora a doutrina tivesse separado essas figuras há muito tempo, o mercado sempre preferiu a mistura. Isso, no entanto, nem sempre favoreceu as seguradoras. A jurisprudência, como os juízes não são conhecedores especializados em estatística e atuária – o que deveria ser o material básico dos raciocínios das seguradoras –, criou uma espécie de meninge para evitar que a arguição de agravamento esvazie as eficácias garantidora e indenizatória do seguro: exige o nexo causal entre o sinistro discutido e o risco dito agravado.

De qualquer forma, a hipertrofia de uma figura (a causação intencional do sinistro) a ponto de absorver todas as outras gera grandes prejuízos aos segurados, mas também afeta negativamente as seguradoras, que não dispõem, na prática, de nenhum instrumento para extinguir o contrato antes da ocorrência do sinistro, se eventualmente descobrirem qualquer alteração no estado de risco, ou forem obrigadas a provar os requisitos do "agravamento do risco" distorcido para um caso que seria simplesmente resolvido pelo contrato.

Passaremos por algumas decisões de tribunais para tentar extrair alguns critérios de aplicação dessa mescla dos institutos, e apontar eventualmente quando ela dificultou a solução de um caso concreto.

No Superior Tribunal de Justiça, 43 acórdãos estão catalogados com base no art. 768 (agravamento voluntário do risco) e apenas cinco no art. 769 (agravamento involuntário do risco).

Desses cinco acórdãos, nenhum trata de fato da hipótese do art. 769, corroborando a diluição do agravamento do risco em diversos outros institutos e a falta de auditoria preventiva especializada do risco pelas seguradoras, que somente verificam a ocorrência do agravamento após serem chamadas a regular um sinistro.

O caso mais próximo ao agravamento do risco involuntário lida com desequilíbrio econômico em uma carteira de seguro de vida. No caso do seguro de vida sucessivo,[41] a 2ª seção do STJ avaliou a seguinte situação: um sujeito contratou um seguro de vida anual "de renovação automática" e sem reajuste do prêmio em 1986, que, em 2006, encontrava-se economicamente defasado. Como o segurado não aceitava a modificação de seu seguro em nenhuma hipótese, a seguradora, a pretexto de solucionar o desequilíbrio em sua carteira e extinguir o

41 REsp 1.073.595, 2ª S., rel. Min. Nancy Andrighi, j. em 23.03.2011.

contrato, valeu-se do art. 769 do Código Civil, que possibilitaria a resolução do contrato ou, ao menos, a recusa em renová-lo.[42] O STJ chegou à solução do caso aplicando o CDC, decretando a abusividade da

---

42 Aflige o tema, perdoem o desvio. Essa situação de "desequilíbrio atuarial" de carteira veio ocorrendo com profusão no setor de seguro. Para oferecer garantia de seguro de vida a preço imbatível pela concorrência, muitas seguradoras arriscaram-se a cobrar prêmio sabidamente insatisfatório. Essa prática, aditivada com boas comissões para os intermediários, permitiu conquistar rapidamente os clientes e obter alta lucratividade, durante certo período, antes do envelhecimento crítico do grupo de segurados e da curva de sinistralidade tornar-se íngreme e insustentável. Quando isso estava para acontecer, a seguradora tentava ceder sua carteira a uma congênere ou, não havendo interessados, resolvia o contrato com os segurados e livrava-se da fase de prejuízo. Nas últimas décadas aconteceu aos punhados. Muitas vezes o "desequilíbrio" era precipitado porque os custos de comercialização retidos nas estruturas comerciais, em geral fictícias, criadas nos grupos econômicos da seguradora, acabavam retendo praticamente a metade ou mais da metade dos prêmios arrecadados, e isso tornava a operação de seguro defeituosa e ameaçada. Com o passar do tempo, o Judiciário censurou as resoluções contratuais que surpreendiam os consumidores, muitos agora envelhecidos e adoecidos, sem acesso a novos seguros ou somente encontrando alternativas a preços muito superiores, impagáveis. Surgiram, então, os planos de migração, o mais bem estruturado dos quais foi o da *apólice 40* ou *seguro ouro vida especial*, originalmente estruturado pela Sul América e depois cedido para a Aliança do Brasil, que se viu obrigada a resolver o impasse. Nessa ocasião começava a discussão do primeiro projeto de lei especial de contrato de seguro (PLC) no Congresso Nacional e, para evitar as tentativas de resolução surpreendente que continuavam a ocorrer, foi inserida a seguinte regra: "Art. 122. Salvo se a seguradora encerrar operações no ramo ou modalidade, a recusa de renovação de seguros individuais sobre a vida e a integridade física que tenham sido renovados sucessiva e automaticamente por mais de dez anos deverá ser precedida de comunicação ao segurado e acompanhada de oferta de outro seguro que contenha garantia similar e preços atuarialmente repactuados, em função da realidade e equilíbrio da carteira, com antecedência mínima de noventa dias, vedadas carências e direito de recusa de prestação em virtude de fatos preexistentes" (redação no PLC 29/2017).

cláusula resolutiva expressa e mantendo a relação contratual até que houvesse uma transição lenta para um seguro de vida viável.

A decisão do STJ não tratou diretamente do regime do contrato do seguro no Código Civil, não abordando, portanto, o agravamento do risco involuntário. No entanto, caso não fosse uma relação consumerista, a solução teria de passar pelo Código Civil, embora evidentemente não se trate de uma hipótese de agravamento ou modificação pejorativa do risco e, sim, de estruturação deficiente do plano de seguro ou gestão desprecavida quanto à formação e manutenção de provisões e reservas adequadas à da tábua de mortalidade e ao enfrentamento das variações monetárias. A alteração no estado de risco que enseja a aplicação dos remédios contra o agravamento do risco supõe uma piora substancial no estado de risco que não seja prevista ou previsível no momento da celebração do contrato.

Os outros quatro acórdãos dividem-se em dois grupos: em um caso, decidiu-se que avaliar o agravamento do risco do art. 769 exige reexame fático e esbarra no óbice da súmula 7/STJ;[43] nos outros três, o dispositivo efetivamente aplicado é o art. 766 (a omissão dolosa de informações no momento da celebração do seguro), servindo o art. 769 como mero apoio retórico.[44]

Considerando todo o universo dos acórdãos do STJ – e não somente os catalogados –, os casos do art. 768 são muito mais abundantes. Todavia, parte substancial deles também não lida com o agravamento do risco, mas sim com a causação intencional do sinistro pelo segurado, pelas mesmas razões. Com isso, a jurisprudência dominante chega à distorção dos requisitos do agravamento voluntário do

43 AgInt no AREsp 1.527.271, 4ª T., rel. Min. Maria Isabel Gallotti, j. em 11.02.2020.

44 O mais famoso é o caso de *insider trading* omitido dolosamente no questionário do seguro D&O (REsp 1.601.555, 3ª T., rel. Min. Ricardo Villas Bôas Cueva, j. em 14.02.2017). Os outros também lidam com preenchimento de outros questionários: no seguro auto (REsp 1.210.205, 4ª T., rel. Min. Luis Felipe Salomão, j. em 01.09.2011) e no seguro de vida (AgRg no Ag 818.443, 3ª T., rel. Min. Nancy Andrighi, j. em 01.03.2007).

risco para equiparar a culpa grave ao dolo (estendendo assim a exclusão da garantia a atos de terceiros[45]) e admitir a presunção relativa de agravamento.[46]

Esse é o caso de boa parte dos julgados que lidam com o problema da embriaguez ao volante.[47]

---

45 A jurisprudência foi progressivamente flexibilizando o requisito subjetivo do agravamento intencional do risco ao longo dos anos: enquanto, em 2014, ainda se exigia prova do conhecimento do dono do veículo sobre a embriaguez alheia (REsp 1.071.144, 4ª T., rel. Min. Maria Isabel Gallotti, j. em 02.12.2014; AgRg no AREsp 411.567, 3ª T., rel. Min. Ricardo Villas Bôas Cueva, j. em 04.11.2014); nos acórdãos de 2016 já não vemos qualquer receio em estender a perda de garantia a situações em que só há prova do uso do veículo por terceiro. Sobre a equiparação entre culpa grave e dolo, cf. REsp 1.412.816, 3ª T., rel. Min. Nancy Andrighi, j. em 15.05.2014. Em 2009, ainda era dominante a jurisprudência que não imputava ao dono de automóvel a embriaguez alheia (REsp 1.097.758, 3ª T., rel. Min. Massami Uyeda, j. em 10.02.2009).

46 Mesmo com a presunção é recorrente a afirmação de que verificar o agravamento no caso concreto sempre exige análise fática, o que é obstado pela Súmula 7. É o caso, por exemplo, do AgRg no AREsp 407.728, rel. Min. Ricardo Villas Bôas Cueva, j. em 06.10.2015.; AgRg no AREsp 591.361, 3ª T., rel. Min. Marco Aurélio Bellizze, j. em 03.02.2015.

47 AgInt no AREsp 1.039.613, 3ªT., rel. Min. Ricardo Villas Bôas Cueva, j. em 19.10.2020 (sinistro causado por filho embriagado do dono do veículo não deve ser indenizado); REsp 1.866.860, 3ª T., rel. Min. Paulo de Tarso Sanseverino, j. em 15.09.2020 (o regime do art. 798 exclui o regime do art. 768 em caso de suicídio do segurado em acidente de trânsito); AgInt no AREsp 1.625.493, 3ª T., rel. Min. Marco Aurélio Bellizze, j. em 22.06.2020 (comprovada a embriaguez do condutor e o acidente de trânsito, há presunção relativa do agravamento de risco); AgInt no REsp 1.826.592, 3ª T., rel. Min. Marco Aurélio Bellizze, j. em 23.03.2020 (comprovada a embriaguez do condutor, há presunção de agravamento do risco); AgInt no AREsp 1.534.052, 3ª T., rel. Min. Moura Ribeiro, j. em 17.02.2020 (o acidente automobilístico causado por qualquer condutor habitual do veículo alcoolizado, dado que o agravamento do risco admite tanto a culpa grave como o dolo do segurado, exclui a indenização); AgInt no AREsp 1.518.626, 3ª T., rel. Min. Marco Aurélio Bellizze, j. em 10.02.2020 (se a embriaguez for causa determinante do sinistro, há agravamento do risco); AgInt no AREsp 1.302.619, 3ª T., rel. Min. Paulo de Tarso Sanseverino, j. em 01.07.2019

Especificamente no caso da embriaguez no seguro de automóvel, a jurisprudência, desde 2016, deixa de confundir "causar o sinistro" e "agravar o risco". Todavia, faz isso para flexibilizar ainda mais os requisitos do art. 768, em prejuízo do segurado. Segundo a corrente hoje majoritária, presume-se, nesses casos, que a condução do automóvel pelo segurado ou por um terceiro sob efeito do álcool agrava "essencialmente" o risco de acidentes e danos no trânsito, uma vez que a seguradora cobraria um prêmio mais elevado caso soubesse do estado alcoolizado do motorista, seja o dono do veículo ou a quem ele o emprestar. Aliás, a jurisprudência entroniza a perfilização dos seguros, e o empréstimo do carro a qualquer pessoa sempre configura culpa grave do segurado. Além disso, caso o seguro indenizasse os prejuízos causados por um condutor alcoolizado, estaria concedendo um salvo-conduto a terceiros que queriam dirigir embriagados. Reconhecendo a dupla função dos seguros de responsabilidade civil, entretanto, essa perda de garantia não pode prejudicar a vítima do acidente.[48]

(sinistro causado dolosamente ou por culpa grave exclui a indenização); AgInt nos EDcl no REsp 1.602.690, 4ª T., rel. Min. Luis Felipe Salomão, j. em 27.11.2018 (idem); AgInt no AgInt no REsp 1.631.270, 4ª T., rel. Min. Luis Felipe Salomão, j. em 27.11.2018 (idem); AgRg no AREsp 759.671, 4ª T., rel. Min. Marco Buzzi, j. em 02.06.2016 (idem); AgRg no AREsp 617.627, 4ª T., rel. Min. Maria Isabel Gallotti: "A embriaguez, por si só, não configura a exclusão da cobertura securitária em caso de acidente de trânsito, ficando condicionada a perda da indenização à constatação de que foi causa determinante para a ocorrência do sinistro"; AgRg no Ag 1.354.686, 4ª T., rel. Min. Maria Isabel Gallotti, j. em 04.08.2015 (idem); AgRg no AREsp 635.307, 4ª T., rel. Min. Luis Felipe Salomão, j. em 17.03.2015 (idem); AgRg no AREsp 194.203, 4ª T., rel. Min. Maria Isabel Gallotti, j. em 05.03.2015 (idem); AgRg no AREsp 1.245.704, 4ª T., rel. Min. Marco Buzzi, j. em 23.10.2014 (idem); AgRg no AREsp 383.487, 4ª T., rel. Min. Marco Buzzi, j. em 06.02.2014 (idem).

48 REsp 1.838.962, 3ª T., rel. Min. Nancy Andrighi, j. em 12.11.2019; REsp 1.684.228, 3ª T., rel. p/ acórdão Min. Ricardo Villas Bôas Cueva, j. em 27.08.2019; REsp 1.738.247, 3ª T., rel. Min. Ricardo Villas Bôas Cueva, j. em 27.11.2018; REsp 1.441.620, 3ª T., rel. p/ acórdão Min. Nancy Andrighi, j. em 27.06.2017; AgInt no REsp 1.632.921, 3ª T., rel. Min. Moura Ribeiro; essa nova perspectiva sobre o problema do álcool e o seguro foi fixada no REsp 1.485.717, 3ª T., rel.

Essas decisões do STJ lidam, de fato, com uma hipótese de agravamento do risco: não se avalia o resultado em concreto, mas a alteração do estado de risco prévio ao sinistro, que teoricamente aumentaria a chance de um sinistro, ou a gravidade dos prejuízos por ele causado.

No entanto, a aplicação do agravamento intencional do risco é pouco cuidadosa nesses casos. Em vez de se preocupar com a configuração concreta dos dois requisitos: (i) dolo e (ii) alteração substancial no estado de risco, presume-se que o risco se alterou e equipara-se uma culpa grave cada vez mais abrangente ao dolo exigido expressamente pelo artigo 768.

Em primeiro lugar, não faz sentido imaginar que uma seguradora cobraria prêmio maior de seguro automobilístico para segurado que ingere álcool. Ela jamais poderia garantir o risco de condução voluntária ilícita, porque o seguro seria nulo (art. 762). Em segundo, o risco não se avalia a partir de situações extraordinárias, como a embriaguez ocasional, mas de situações que tecnicamente implicam a modificação pejorativa do risco. O risco é a medida de probabilidade de sinistro e não sua ocasional concretização.

O problema que o agravamento quer resolver considera a avaliação inicial do risco pela empresa seguradora especializada na matéria *versus* a alteração substancial posterior do estado de risco por ela apurado no momento em que aceitou contratar. Se há modificação que torna o seguro inaceitável ou normalmente o sujeita à cobrança de prêmio bem mais elevado, pode-se falar em agravamento. Se não, o paquímetro terá sido utilizado para avaliar o latifúndio, o que não faz sentido na agrimensura do seguro (estatística e atuária). Bem assim, meras alterações indiferentes para a sinistralidade de uma carteira não podem causar a morte do contrato de seguro. Evidentemente, uma seguradora jamais resolverá o seguro automóvel se tomar

---

Min. Ricardo Villas Bôas Cueva, j. em 22.11.2016, em disputa sobre seguro empresarial: um caminhão Mercedes Benz tombou na pista em razão da embriaguez de um preposto do segurado. É interessante notar que, no *leading case*, o trecho de Sérgio Cavalieri citado menciona o alcoolismo habitual, embora a decisão equipare a situação.

conhecimento de que algum dia, durante a vigência do seguro, o segurado conduziu o veículo alcoolizado. Mas, se ela souber que o segurado passou a empregar o veículo de uso pessoal para transporte coletivo, aí sim buscará resolver o contrato ou cobrar prêmio bastante mais elevado. A persistência do risco modificado é requisito do agravamento do risco.

A grande elasticidade da culpa grave, entretanto, pode esvaziar arbitrariamente a eficácia das garantias de seguro. O grau de insegurança que o uso de conceitos com significado indeterminado ou de difícil determinação pode trazer é diametralmente oposto à ideia de segurança que exige o uso de remédio tão perigoso como o agravamento do risco.

A piorar o cenário, o agravamento do risco é – e não poderia ser diferente – uma situação de fato estatística e atuarialmente considerada, o que repele a possibilidade de presunções, ainda mais quando elas têm por efeito eliminar a garantia e o direito à indenização no momento em que o seguro tem importância exponencial, o do sinistro.

Não há muita diferença entre a jurisprudência pré-2016 sobre a embriaguez no volante e outros casos envolvendo acidentes automobilísticos. Ainda na esfera do seguro automobilístico, encontramos também os casos do motorista que deixou o veículo com as portas abertas e chave para ignição no interior,[49] da condução do veículo sem a habilitação,[50] e o *racha* com condutor menor do que o exigido pela apólice do seguro.[51] Em todos esses casos, fez-se o mesmo juízo retroativo sobre

---

49 REsp 1.411.431, 3ª T., rel. Min. Paulo de Tarso Sanseverino, j. em 04.11.2014 – considerou-se que o comportamento negligente configurou culpa grave a ponto de excluir a indenização do sinistro causado.

50 AgRg no REsp 1.193.207, 4ª T., rel. Min. Maria Isabel Gallotti, j. em 01.09.2015: "Nos termos da jurisprudência desta Corte, a falta de habilitação para dirigir veículos caracteriza-se como mera infração administrativa não configurando, por si só, o agravamento intencional do risco por parte do segurado apto a afastar a obrigação de indenizar da seguradora"; AgRg no REsp 1.483.349, 4ª T., rel. Min. Marco Buzzi, j. em 25.11.2014; REsp 1.230.754, 4ª T., rel. Min. Maria Isabel Gallotti, j. em 18.12.2012.

51 REsp 1.368.766, 4ª T., rel. Min. Luis Felipe Salomão, j. em 01.03.2016. Ainda aqui há o requisito de causalidade entre o ato de agravar o risco e o sinistro

a contribuição do fator ao sinistro. A solução dos dois últimos é, curiosamente, oposta: enquanto a falta de habilitação exige outros elementos para que o "agravamento do risco" se configure, o *racha* e a idade do condutor (21 anos, em vez dos 26 exigidos pelo contrato) geram automaticamente perda da garantia do seguro sem prova de qualquer prejuízo à seguradora, ou seja, sem prova de que o prêmio cobrado seria superior no caso.

Fora dos casos de seguro de automóvel, encontramos a mesma situação: o agravamento é sempre correntemente confundido com a causação do sinistro;[52] e apenas alguns ensaiam critérios claros de aplicação.

Um exemplo de exagero na busca da causa do sinistro é o caso de acidente aéreo ocorrido em Uberaba (MG),[53] quando avião da marca Piper, de propriedade do segurado, foi totalmente destruído e vitimou todos os ocupantes. Quem ocupava a posição de comando era o próprio dono, o segurado, que não possuía habilitação, e o piloto, com habilitação vencida, ocupava a posição de copiloto e não a de comando, como exigido. O plano de voo foi aprovado apenas porque requisitado por um terceiro piloto.

Ao avaliar a incidência do art. 768 no caso, o STJ não deu o enfoque adequado ao fato de o segurado ser o *piloto habitual da aeronave*, a despeito de não ter habilitação e treino exigidos para o seu comando. Na ocasião, o copiloto, este sim, era pessoa com o treinamento específico

---

verificado. No entanto, no AgInt no AREsp 1.533.368, 4ª T., rel. Min. Luis Felipe Salomão, j. em 21.09.2020, a exclusão de menor de idade é analisada de forma completamente desvinculada do agravamento do risco, porque é lida como uma cláusula de exclusão de garantia (o risco não estaria abrangido).

52 Tanto que se exige que a conduta do devedor seja a razão determinante para a ocorrência do sinistro: "é certo que a exoneração do dever da seguradora do pagamento da indenização somente ocorrerá se a conduta direta do segurado configurar efetivo agravamento (culposo ou doloso) do risco objeto da cobertura contratada, consubstanciando causa determinante para a ocorrência do sinistro" (AgInt no AREsp 1.577.162, 4ª T., rel. Min. Marco Buzzi, 4ª T., j. em 19.10.2017).

53 REsp 1.466.237, 4ª T., rel. Min. Luis Felipe Salomão, j. em 29.10.2019.

para aquele tipo de aeronave, embora com documento de habilitação vencido 6 meses antes. Se esta não era a situação no momento da formação do seguro, a conduta era reiterada e voluntária e promovera uma alteração substancial e duradoura no estado de risco, aumentando excessivamente a chance do sinistro. Assim, criara-se um novo estado de risco insustentável, levando à perda da garantia.

Logo, o fato de ter ocorrido um acidente ou não era irrelevante para avaliar a existência ou não de garantia.

O acórdão preferiu valer-se da jurisprudência do próprio tribunal sobre a falta de habilitação para conduzir automóvel[54] e embriaguez para presumir agravamento, baseando-se na responsabilidade do comandante (piloto) pela operação da aeronave. Ao final, também conclui que o segurado "criou risco não previsto no pacto securitário", afastando, portanto, a própria incidência do contrato de seguro ao caso, mas parece ser mera referência retórica.

Dentre os poucos que ensaiam critérios de aplicação desse "agravamento do risco" genérico, o que melhor enfrenta os requisitos é o caso do motorista com habilitação suspensa.[55] Em um seguro de vida, a condução acima da velocidade permitida e a falta de habilitação são agravantes de risco de morte, fato consumado, capazes de excluir a garantia?

Segundo o voto vencedor, dois são os principais requisitos para que se possa alegar agravamento do risco com base no art. 768: (i) nexo causal entre o comportamento do segurado e o sinistro; e (ii) dolo ou culpa grave do segurado. No caso, como a velocidade e a falta de habilitação não foram relevantes para o acidente, a indenização seria devida.

É interessante notar como o voto cita expressamente o critério doutrinário clássico para aferir a substancialidade do agravamento do

---

54 Existe acórdão prévio fazendo a mesma analogia – AgRg no AREsp 218.061, 4ª T., rel. Min. Maria Isabel Gallotti: "Em relação à falta de habilitação para dirigir veículos, e o mesmo pode-se dizer em relação a aeronaves, a jurisprudência da 2ª Seção pacificou-se no sentido que sua ausência não configura, por si só, o agravamento intencional do risco por parte do segurado, apto a afastar a obrigação de indenizar da seguradora".

55 REsp 1.175.577, 3ª T., rel. Min. Nancy Andrighi, j. em 18.11.2010.

risco – a seguradora não aceitaria segurar o interesse pelo mesmo prêmio diante das circunstâncias atuais –, mas não o relaciona de forma alguma com a solução do caso em concreto, extraindo da jurisprudência do STJ os dois requisitos citados. Parece clara, ao longo do voto, a contraposição entre a hipertrofia da causação do sinistro e o agravamento do risco.

Para a seguradora, a separação entre agravamento do risco e causação do sinistro poderia, no caso, levar a uma solução diferente. Embora as condutas do segurado não tenham levado ao acidente que lhe custou a vida, o agravamento intencional do risco, a rigor, levaria à perda de garantia se comprovada a relevância desses dois fatores para a precificação do seguro. Ou seja, se a condução imprudente e a falta de habilitação comprovadamente afetassem o prêmio de risco, a perda de garantia prescindiria de qualquer análise do sinistro.

Outro caso relevante para deliminar a extensão desse agravamento jurisprudencial é o Cruz de Malta.[56]

No caso, a seguradora celebrou com a transportadora um seguro de responsabilidade civil. Ao longo da vigência desse seguro, ocorreram dois sinistros diversos no transporte de transformadores pesados: o primeiro relacionado à redundante movimentação do transformador no porto de Santos; o segundo, alguns meses depois, quando, ao transportar outro transformador de Jundiaí para Santos, o caminhão desengatou da viga transportadora que suportava o equipamento em razão do rompimento do pino-rei, elemento de ligação do cavalo à viga transportadora.

Os ministros do STJ tomaram posições antagônicas. A Min. Nancy Andrighi reconheceu que não havia culpa grave tanto no primeiro como no segundo sinistro. Por sua vez, o Min. Ricardo Villas Bôas Cueva reconheceu a culpa grave em ambos os sinistros. A posição que veio a prevalecer, inaugurada pelo Min. Marco Aurélio Bellizze, decidiu que não houve culpa grave no primeiro sinistro, mas sim no segundo.

---

56 REsp 1.584.477, 3ª T., rel. p/ acórdão Min. Marco Aurélio Bellizze, j. em 30.03.2017.

Em termos práticos, além de uma ampla discussão sobre o conceito de culpa grave, o caso mostra mais um efeito nocivo às seguradoras de se confundir "causar o sinistro" com "agravar o risco".

Havendo agravamento do risco, a garantia do contrato de seguro teria sido extinta, não apenas a dívida de indenização dos prejuízos do sinistro. Ou seja, se ocorrido outro sinistro dentro do mesmo contrato após o agravamento, não haveria nenhuma cobertura, nos termos do art. 768. No caso Cruz de Malta, fosse, de fato, um problema de agravamento, havendo exclusão de garantia após o primeiro sinistro, seria desnecessário discutir o segundo.

Voltando aos requisitos jurisprudenciais, felizmente, a presunção do agravamento do risco do seguro de automóveis nos casos de embriaguez não é (ainda) transportada para os outros ramos. As decisões ressaltam a necessidade de se provar, em concreto, como a conduta do segurado aumentou a chance de sinistro ou eventualmente causou o sinistro.[57]

A exceção notável à tendência de acolhimento desmedido do agravamento do risco é o caso do seguro de vida. A forma como o STJ interpreta as regras sobre esse seguro coloca em evidência o outro extremo da confusão entre a causação e o agravamento do risco: em vez da flexibilização desordenada das hipóteses de perda da garantia, como acontece com os seguros de danos, há um enrijecimento.

No regime do seguro de vida, há regra específica tanto sobre agravamento do risco (art. 799),[58] como sobre a causação do sinistro pelo segurado (art. 798),[59] o caso do suicídio. Os correspectivos artigos no

---

57 AgRg no AREsp 218.061, 4ª T., rel. Min. Maria Isabel Gallotti, j. em 17.12.2013; REsp 1.584.477, 3ª T., rel. Min. Marco Aurélio Bellizze, j. em 20.02.2018; REsp 1.175.577, 3ª T., rel. Min. Nancy Andrighi, j. em 18.11.2010.

58 Art. 799. O segurador não pode eximir-se ao pagamento do seguro, ainda que da apólice conste a restrição, se a morte ou a incapacidade do segurado provier da utilização de meio de transporte mais arriscado, da prestação de serviço militar, da prática de esporte, ou de atos de humanidade em auxílio de outrem.

59 Art. 798. O beneficiário não tem direito ao capital estipulado quando o segurado se suicida nos primeiros dois anos de vigência inicial do

regime geral do seguro são o art. 768 e o art. 762, servindo esses artigos sobre seguro de vida como desenvolvimento das normas gerais, ou para excepcioná-las (caso do art. 798), ou para exemplificá-las (caso do art. 799).

A jurisprudência do STJ,[60] desde a súmula 620 de 2018, entende que o regime do agravamento voluntário do risco (art. 768) nos seguros de vida aplica-se somente ao caso do suicídio do segurado. Chega-se a afirmar que "no seguro de vida, o agravamento do risco é inerente a essa modalidade de contratação, ressalvada a hipótese de suicídio durante o período de carência [...]"[61] em caso sobre morte causada pelo uso de cocaína. Ou seja, qualquer conduta que o segurado tome, desde que posterior aos 2 anos de carência, não gerará perda ao direito à garantia, porque, na confusão entre causar e agravar o risco, o fato de

---

contrato, ou da sua recondução depois de suspenso, observado o disposto no parágrafo único do artigo antecedente.

60 A ementa do REsp 1.866.860, 3ª T., rel. Min. Paulo de Tarso Sanseverino, j. em 15.09. 2020, é muito ilustrativa: "2. Nos termos do art. 768 do Código Civil: "O segurado perderá o direito à garantia se agravar intencionalmente o risco objeto do contrato". 3. Inaplicabilidade dessa norma aos casos de embriaguez do segurado no seguro de vida, a teor da Súmula 620/STJ, segundo a qual: "A embriaguez do segurado não exime a seguradora do pagamento da indenização prevista em contrato de seguro de vida". 4. Limitação das hipóteses de exclusão de cobertura por agravamento do risco no seguro de vida apenas aos casos de suicídio durante o período de carência (art. 798 CC), sendo descabida a exclusão de cobertura com base em outros fatores de agravamento do risco. Precedentes desta Corte Superior. 5. Irrelevância, para fins de cobertura, da alegada má-fé do segurado no agravamento do risco, pois a má-fé que justifica a exclusão de cobertura é somente aquela manifestada na fase pré-contratual, a exemplo da prestação de informação falsa no questionário de risco, ou a já mencionada hipótese de suicídio". No mesmo sentido, AgInt no AREsp 1.701.862, 4ª T., rel. Min. Raul Araújo, j. em 30.11.2020; REsp 1.665.701, 3ª T., rel. Min. Ricardo Villas Bôas Cueva, j. em 09.05.2017, e EREsp 973.725, 2ª S., rel. Min. Lázaro Guimarães, j. em 25.04.2018 – estes dois últimos acórdãos são a base para a súmula 620.

61 AgInt no REsp 1.878.338, 3ª T., rel. Min. Paulo de Tarso Sanseverino, j. em 01.03.2021.

dificilmente premeditar-se a própria morte torna-se justificativa para agir de forma perigosa.[62]

O PLC 92/2017 exclui a possibilidade de oferecimento de defesa de agravamento do risco à pretensão do capital de seguro de vida e integridade física, apenas possibilitando à seguradora a cobrança de prêmio mais elevado quando o segurado agravar voluntariamente o risco (art. 18, § 6º).[63]

Os tribunais estaduais de maior relevo nacional tendem, em linhas gerais, a seguir a construção do STJ.

A jurisprudência do Tribunal de Justiça do Rio de Janeiro segue em grandes linhas a jurisprudência do STJ. Não há diferença entre "agravar o risco" e "causar o sinistro". Como a disputa só chega aos tribunais quando o risco já se concretizou, avalia-se apenas se: (i) há causalidade entre a conduta apontada e o sinistro; (ii) houve dolo ou culpa grave do segurado,[64] embora alguns acórdãos sejam mais lenientes com esse requisito, expandindo a jurisprudência sobre embriaguez ao volante a todos os casos.[65]

---

62 Interessante a discussão no caso da torre metálica (REsp 795.027, 4ª T., rel. Min. Aldir Passarinho Junior, j. em 18.03.2010): considera-se que a conduta do segurado em subir em uma torre elevada, mas de fácil acesso, de onde caiu, para ter uma melhor vista não "agrava" o risco, é um comportamento aventureiro razoável e previsível. Esse critério da normalidade está em consonância com o disposto no Código Civil, mas não se encontrou qualquer caso em que o STJ entendeu a conduta do segurado estar para além do razoável.

63 Art. 18. "(...) § 6º Nos seguros sobre a vida ou integridade física a seguradora poderá cobrar a diferença de prêmio, em caso de agravamento voluntário do risco".

64 TJRJ. AC 0045627-20.2014.8.19.0038, 17ª C. Cível, rel. Des. Elton M. C. Leme, j. em 14.09.2019; TJRJ. AC 0426455-31.2013.8.19.0001, 26ª C. Cível, rel. Des. Denise Nicoll Simões, j. em 09.02.2017; TJRJ. AC 0382256-36.2011.8.19.0001, 8ª C. Cível, rel. Des. Flávia Romano de Rezende, j. em 05.11.2013; TJRJ. AC. 0000512-94.2011.8.19.0065, 3ª C. Cível, rel. Des. Renata Machado Cotta, j. em 10.10.2013.

65 São os casos de condução a alta velocidade (TJRJ. AC 0025690-11.2014.8.19.0204, 23ª C. Cível, rel. Des. Celso Silva Filho, j. em 19.07.2017) e de transporte de passageiros em trem sem garantir o fechamento de

Todavia, há, em alguns casos, relances de maior precisão. Caso em que se soluciona verdadeiro problema de agravamento do risco é o do motorista de Uber.[66] O segurado, após celebrar o contrato, decidiu alugar o carro até então de uso pessoal para um motorista de Uber, que se envolveu em um acidente de trânsito. O TJRJ decidiu corretamente que houve agravamento do risco no caso, sem, no entanto, trazer razões muito claras para a aplicação do art. 768.

O Tribunal de Justiça de Minas Gerais segue a mesma posição dominante no STJ e no TJRJ: omitir informações[67] e causar o sinistro[68] são hipóteses de agravamento do risco, que deve ser doloso ou gravemente culposo[69] e causa do sinistro.[70]

---

portas (TJRJ. AC 0368926-40.2009.8.19.0001, 27ª C. Cível, rel. Des. Marcos Alcino de Azevedo Torres, j. em 26.03.2015).

66 TJRJ. AC 0008804-17.2017.8.19.0208, 9ª C. Cível, rel. Des. Adolpho Andrade Mello, j. em 26.02.2021.

67 TJMG. AC 0014564-07.2011.8.13.0116, 17ª C. Cível, rel. Des. Evandro Lopes da Costa Teixeira, j. em 14.06.2017; TJMG. AC 0205846-81.2014.8.13.0035, 11ª C. Cível, rel. Des. Shirley Fenzi Bertão, j. em 07.12.2016, em que se declara: "Segundo a hodierna jurisprudência do Colendo STJ, eventuais declarações inexatas ou omissões pelo segurado por ocasião da contratação do seguro, por si só, não ensejam a perda do direito ao pagamento da indenização securitária, salvo se comprovado o agravamento do risco contratado, o que não ocorreu no caso vertente".

68 TJMG. AC5003537-89.2018.8.13.0699, 14ª C. Cível, rel. Des. Marco Aurelio Ferenzini, j. em 10.10.2019 (caminhão tombado por alta velocidade); TJMG. AC. 5007684-74.2017.8.13.0027, 15ª C. Cível, rel. Des. José Américo Martins da Costa, j. em 02.07.2020 (furto do caminhão).

69 TJMG. AC 2047469-89.2006.8.13.0024, 18ª C. Cível, rel. Des. Arnaldo Maciel, j. em 24.05.2011 (incêndio fraudulento). Existem também casos em que se exigiu apenas a culpa para excluir a garantia – TJMG. AC 2271378-98.2014.8.13.0024, 17ª C. Cível, rel. Des. Roberto Vasconcellos, j. em 29.11.2018 (outro caso de incêndio, mas causado por negligência do segurado).

70 TJMG. AC 3125033-54.2011.8.13.0024, 12ª C. Cível, rel. Des. Juliana Campos Horta, j. em 30.11.2016, em que se diz: "Inexistentes provas que evidenciem que a conduta da segurada de não ter efetuado a consulta do motorista, substituído sem o seu conhecimento, tenha acarretado o agravamento do

Todavia, também ali existem casos em que a discussão é mais sutil. Um grupo de casos relevantes trazidos pelo TJMG é o de transporte de carga. Nos seguros em questão, a apólice traz uma cláusula corretamente identificada pelos julgados como de controle (também gestão ou gerenciamento) de risco. O segurado, para ter direito à garantia, deveria equipar o caminhão transportador com um sistema de rastreamento e coletar determinados dados, e o motorista deveria confirmar o início da viagem à empresa administradora do rastreamento (gestora de risco).

Em caso de descumprimento dessa cláusula, é necessário comprovar o efetivo agravamento do risco, nos termos do art. 768, para que haja perda de garantia? Um julgado decidiu que não, basta a violação.[71] Outro[72] decidiu que é necessário aplicar os requisitos fixados na jurisprudência do STJ, a saber: causalidade e dolo ou culpa grave.

O STJ se posicionou em caso semelhante envolvendo o roubo de um trator. A cláusula trazia regras sobre o armazenamento do bem (ele deveria ficar entre paredes), que foi formalmente descumprida, porque o bem era guardado entre cercas. O tribunal entendeu que o grau de proteção era o mesmo e a cláusula foi declarada abusiva.[73]

Essa decisão enfatiza a necessidade de agravamento efetivo e não presumido, ainda quando o instrumento de prova do seguro (apólice) contiver disposição a respeito.

Caso parecido ao dos transportes de carga é o da exclusão de garantia sobre mercadoria usada.[74] Na apólice de um seguro sujeito ao CDC, previa-se que o seguro não indenizaria nenhum dano a

---

risco e, portanto, contribuído para que a carga fosse roubada, incabível a exclusão da cobertura".

71 TJMG. AC 5007939-47.2017.8.13.0701, 14ª C. Cível, rel. Des. Marco Aurelio Ferenzini, j. em 18.03.2021. No mesmo sentido, TJMG AC 0319295-53.2014.8.13.0702, 9ª C. Cível, rel. Des. Pedro Bernardes de Oliveira, j. em 14.04.2021.

72 TJMG. AC 3125033-54.2011.8.13.0024, 12ª C. Cível, rel. Des. Juliana Campos Horta, j. em 30.11.2016.

73 AgInt no AREsp 1.005.743, 4ª T., rel. Min. Luis Felipe Salomão, j. em 18.06.2019.

74 TJMG. AC 6038245-44.2015.8.13.0024, 14ª C. Cível, rel. Des. Estevão Lucchesi, j. em 18.10.2018.

mercadoria usada. O TJMG decidiu que, como a cláusula não guarda relação com o agravamento do risco e não define o que seja uma mercadoria nova, ela é abusiva, porque coloca o segurado em desvantagem exagerada frente à seguradora.

Outro caso interessante é o do trator incendiado.[75] Um fazendeiro, vendo um início de incêndio, decide tentar conter as chamas cortando a vegetação ao redor com o trator segurado. Essa é uma conduta típica de enfrentamento de incêndios no meio rural. A máquina, por um problema técnico, parou, e não foi possível retirá-la do local. O TJMG decidiu que o segurado agravou o risco de dano ao tentar construir aceiros no momento do incêndio, e não antes, como seria normal no período de secas. Assim, teria agravado voluntariamente o risco e, consequentemente, não foi indenizado.

O trator é bem do patrimônio do segurado, como sua propriedade, lavouras e criações. Na realidade, é um instrumento para empreender a atividade agropecuária. Usá-lo para tentar evitar o incêndio do patrimônio a que serve, ou mesmo para prevenir dano ao patrimônio de vizinho, como é comum ocorrer, é um direito do segurado e não uma conduta que denota ausência de legitimidade do interesse no bem que assegurou. Aqui não se pode falar em dolo e sequer culpa. A tentativa de evitar ou reduzir a propagação do fogo é conduta equivalente à tentativa de salvamento protegida amplamente, independente do sucesso ou fracasso, pelos artigos 771 e 779 do Código Civil. Não é possível que o mesmo tipo de conduta seja protegido pela ordem jurídica e paradoxalmente considerado causa de supressão de direito.

No Tribunal de Justiça de São Paulo, a propósito, é interessante observar o acórdão relatado pelo Desembargador Nestor Duarte[76] no qual se entendeu que a tentativa de conduzir uma máquina a um local seguro após o sinistro, gerando mais prejuízos, não é agravamento do risco, porque não há dolo.

---

75 TJMG. AC 0023886-38.2016.8.13.0193, 14ª C. Cível, rel. Des. Valdez Leite Machado, j. em 25.04.2019.

76 TJSP. AC 0001750-49.2013.8.26.0077, 34ª C. D. Privado, rel. Des. Nestor Duarte, j. em 06.12.2017.

Analisando a jurisprudência do Tribunal de Justiça de São Paulo, encontramos uma adesão menos clara à construção do STJ sobre o agravamento do risco. Existem mais casos em que a confluência de regimes é posta em xeque. Apesar disso, a maioria dos acórdãos recorre ao agravamento hipertrofiado,[77] e o faz incidir nos casos de omissão de informações.[78]

---

77 Alguns exemplos – agravamento do risco é confundido com causar o sinistro: TJSP. AC 1053566-71.2019.8.26.0100, 37ª C. D. Privado, rel. Des. José Wagner de Oliveira Melatto Peixoto, j. em 30.09.2021 – avaliou-se o uso de equipamentos inapropriados e em mau estado de conservação para içar uma carga segurada (refrigerador): se havia culpa grave e nexo causal entre o sinistro e a destruição do bem segurado; TJSP. AC 1108961-19.2017.8.26.0100, 7ª C. D. Privado, rel. Des. Luis Mario Galbetti (praticar um ato doloso, no âmbito do D&O, é um caso de agravamento do risco); TJSP. AC 0001750-49.2013.8.26.0077, 34ª C. D. Privado, rel. Des. Nestor Duarte, j. em 06.12.2017 (a tentativa de conduzir uma máquina a um local seguro após o sinistro, gerando mais prejuízos, não é agravamento do risco, porque não há dolo; TJSP. AC 1000400-40.2016.8.26.0453, 21ª C. D. Privado, rel. Des. Itamar Gaino, j. em 29.08.2018 (sinistro sem nexo causal com a conduta do segurado deve ser indenizado); TJSP. AC 1004084-38.2016.8.26.0011, 29ª C. D Privado, rel. Des. Airton Pinheiro de Castro, j. em 11.03.2020 (idem).
Agravamento do risco (com os requisitos estabelecidos pelo STJ) é confundido com cláusula de exclusão de garantia nestes casos: TJSP. AC 1105080-73.2013.8.26.0100, 28ª C. D. Privado, rel. Des. Berenice Marcondes Cesar, j. em 18.05.2021 – a violação de cláusula de controle de risco (alteração do contrato objeto do seguro garantia) por si só gera a perda da garantia; TJSP. AC 1023359-89.2019.8.26.0100, 4ª C. D. Privado, rel. Des. Marcia Dalla Déa Barone, j. em 02.06.2020 (idem); TJSP. AC 1029501-58.2019.8.26.0602, 15ª C. D. Privado, rel. Des. Mendes Pereira, j. em 08.06.2021 (roubo de carga de caminhão sujeito às cláusulas de controle de risco já mencionadas); TJSP. AC 0073539-42.2013.8.26.0002, 1ª C. D. Privado, rel. Des. Christine Santini, j. em 17.03.2017 (roubo em estabelecimento sem cofre forte e outras medidas de segurança exigidas em apólice).

78 TJSP. AC 1074963-31.2015.8.26.0100, 30ª C. D. Privado, rel. Des. Lino Machado, j. em 05.06.2019 – "A omissão intencional de fatos ao responder questionário de risco da seguradora é fato suficiente para agravamento do risco (art. 768, do CC). Apelação desprovida, com observação". Alguns

No caso do caixa roubado,[79] o seguro empresarial exigia que os valores arrecadados fossem levados ao banco diariamente, para reduzir o prejuízo possível em caso de roubo. Quando o assalto ocorreu, os assaltantes conseguiram 22 mil reais, em vez de apenas 5.880,80, a movimentação no dia anterior. Sendo a cláusula especificação do art. 768, não haveria como indenizar toda a perda que o segurado sofreu. Na realidade, trata-se de exclusão de garantia aos valores recolhidos nos outros dias.

O caso do devedor falido[80] é uma típica situação de sinistro no seguro-garantia. Quando a obra cujo contrato era objeto do seguro desandou, o segurado negociou a dívida com o tomador, adiantando valores e exonerando a empreiteira de certas obrigações, já que a seguradora as executaria. Segundo o TJSP, no caso específico não teria havido simples tentativa de prevenção ou atenuação do sinistro em expectativa. Deixou-se o encargo do contrato todo sobre os ombros da seguradora, porque, embora o *step-in* seja ficcional no mercado, a decisão presume que a obra ainda seria executada em sua integralidade pela seguradora. Dessa forma, decidiu-se que incidiria o art. 769 do Código Civil, afastando o direito ao "prêmio".

O caso do avião sobrecarregado[81] lida com uma situação semelhante. Em um seguro aeronáutico agrícola, um avião sofreu perda total após decolagem frustrada, gerando prejuízos. O segurado operava o avião acima do peso máximo de decolagem fixado na apólice e na regulação da ANAC, mas abaixo do limite dado pelo fabricante como aceitável. O TJSP entendeu que não houve agravamento do risco porque, na data do sinistro, o peso excedeu em apenas 4,10% a capacidade de carga prevista na apólice. Além disso, a despeito da cláusula

---

outros julgados exigem os requisitos do "agravamento do risco" (dolo/culpa grave e causalidade) nestes mesmos casos.

79 TJSP. AC 1008005-32.2016.8.26.0196, 37ª C. D. Privado, rel. Des. Marcos Ramos, j. em 12.03.2018.

80 TJSP. AC 1107922-21.2016.8.26.0100, 6ª C. D. Privado, rel. Des. Costa Netto, j. em 23.06.2019.

81 TJSP. AC 1011331-60.2017.8.26.0100, 35ª C. D. Privado, rel. Des. Melo Bueno, j. em 20.05.2019.

de controle de risco, o limite que se deve aplicar é o do fabricante da aeronave, porque é este que indica a variação real no risco de acidente. Assim, mesmo havendo violação da cláusula, para que o direito à indenização do segurado seja afetado é necessário que a conduta cause algum tipo de prejuízo à seguradora, consubstanciado na efetiva piora do estado de risco.

A mesma situação ocorreu no caso dos assaltantes do vizinho.[82] Uma agência bancária, localizada no térreo de um prédio, foi assaltada. Durante o assalto, ocorreu uma explosão, que danificou o imóvel logo acima da agência, objeto de um seguro residencial. O segurado, no entanto, não morava no local, alugado a outra pessoa. Com base nisso, a seguradora negou-se a indenizar o prejuízo, alegando agravamento do risco por descumprimento de cláusula que previa destinação apenas residencial do próprio segurado no imóvel. O TJSP decidiu que, a despeito do descumprimento dessa cláusula, não houve modificação no estado de risco: o fato de ser usado para residência do locatário não afetava de forma alguma o prêmio cobrado pela seguradora. Assim, a indenização era devida, a despeito da cláusula violada.

Também se discutiu a interpretação dessas cláusulas no caso do imóvel abandonado.[83] Em um seguro residencial, o segurado deixou a casa desocupada por longo período, momento em que foi incendiada. Como a apólice previa que o incêndio "causado" pelo abandono não era garantido, o segurado não recebeu a indenização, já que, segundo a valoração das provas, se alguém estivesse no imóvel, o incêndio não teria ocorrido. No entanto, o TJSP, ao fundamentar sua decisão, parte de outro juízo: a cláusula de exclusão de garantia por abandono do imóvel funciona como forma de gestão de risco do seguro, uma vez que o abandono do imóvel agravava de forma substancial o risco, porque conduzia à conservação precária do imóvel.

---

82 TJSP. AC 1000892-81.2018.8.26.0123, 30ª C. D. Privado, rel. Des. Marcos Ramos, j. em 27.08.2020.

83 TJSP. AC 1004476-85.2016.8.26.0428, 1ª C. D. Privado, rel. Des. Augusto Rezende, j. em 11.09.2019.

Em muitas dessas decisões fala-se em "cláusula de risco", expressão estranha mesmo na seara técnica do mercado. Na verdade, trata-se de cláusulas que limitam ou excluem a garantia do seguro e conviria, para maior clareza, serem tratadas pelas seguradoras com essas denominações e com os cuidados que exigem as cláusulas voltadas para limitar ou excluir a garantia do seguro.

Por fim, o caso Taboca, que bem retrata o problema da prova no agravamento do risco. Em disputa complexa, uma empresa de mineração exigia da seguradora indenização securitária por um acidente em uma barragem. A despeito da controvérsia acesa entre as partes sobre a causa do sinistro e o estado da barragem na data do acidente, no primeiro grau julgou-se antecipadamente o mérito, dispensando a análise rigorosa da prova técnica produzida e a produzir sobre os fatos apontados pela seguradora como agravadores do risco. O TJSP decidiu anular a sentença, por ser imprescindível a análise técnica e profunda da conduta do segurado para definir se os requisitos do agravamento do risco foram satisfeitos.[84]

84 TJSP. AC 1039533-13.2018.8.26.0100, 7ª C. D. Privado, rel. Des. Miguel Brandi, j. em 10.06.2020.

REFERÊNCIAS BIBLIOGRÁFICAS

AGUIAR JÚNIOR, Ruy R. de. Agravamento de risco: conceitos e limites. *In*: IBDS (coord.). VII Fórum de Direito do Seguro José Sollero Filho. *Lei de contrato de seguro*: solidariedade ou exclusão. Em homenagem a Rubén Stiglitz. São Paulo: Roncarati, 2018.

AGUIAR JÚNIOR, Ruy R. de. Teoria do interesse, *engineering* e o dano físico no seguro de danos. *In*: IBDS (coord.). *I congresso Internacional de Direito do Seguro – Conselho da Justiça Federal e do Superior Tribunal de Justiça*: VI Fórum de direito do Seguro "José Sollero Filho". vol. XIII. 1. ed. São Paulo: Roncarati: IBDS, 2015. (Coleção Estudos de Direito do Seguro).

BARRY, Dean; DOYLE, Aaron; ERICSON, Diana. *Insurance as governance*. Toronto: University of Toronto Press, 2003.

BERR, Claude-J.; GROUTEL, Humbert. *Droit des assurances*. 9. ed. Paris: Dalloz, 2001.

BIGOT, Jean et al. (org.). *Traité de droit des assurances*. Tome III. Paris: LGDJ, 2002.

CERNE, Ângelo Mário de M. *O seguro privado no Brasil*. Rio de Janeiro: Livr. Francisco Alves, 1973.

COELHO RODRIGUES, Antonio. *Projecto do Codigo civil brazileiro*: precedido de um projecto de lei preliminar. Rio de Janeiro: Imprensa Nacional, 1893.

COMPARATO, Fábio Konder. Notas explicativas ao substitutivo ao capítulo referente ao contrato de seguro no anteprojeto do Código Civil. *Revista de Direito Mercantil, Industrial Econômico e Financeiro*, São Paulo, ano 11 (Nova Série), n. 5, 1972.

COMPARATO, Fábio Konder. *O seguro de crédito*: estudo jurídico. São Paulo: Ed. Revista dos Tribunais, 1968.

DAVIS, Kevin E. *Between Impunity and Imperialism*: The Regulation of Transnational Bribery. Oxford: Oxford University Press, 2019.

DELGADO, José Augusto. Comentários ao Novo Código Civil. *In*: TEIXEIRA, Sálvio de F. (coord.). *Comentários ao novo Código Civil*. Rio de Janeiro: Forense, 2004.

DOYLE, Aaron. Seguro e confiança na sociedade do risco: uma perspectiva sociológica. *In*: IBDS (coord.). *I congresso Internacional de Direito do Seguro – Conselho da Justiça Federal e do Superior Tribunal de Justiça*: VI Fórum de direito do Seguro "José Sollero Filho". vol. XIII. 1. ed. São Paulo: Roncarati: IBDS, 2015. (Coleção Estudos de Direito do Seguro).

EDGERTON, Willian W. *Recommended contract practices for underground construction*. [*s. l.*]: Society for Mining, Metallurgy and Exploration, Inc., 2008.

EHRENBERG, Victor. Das 'Interesse' im Versicherungsrecht. *In*: *Festgabe der Leipziger Juristenfakultät für Dr. Rudolph Sohm*. München und Leipzig: Duncker & Humblot, 1915.

FACHIN, Luiz Edson. Contrato de seguro e o agravamento de risco na perspectiva do Código Civil brasileiro. In: REVISTA DOS TRIBUNAIS. *Soluções Práticas de Direito*: Pareceres. São Paulo: Ed. Revista dos Tribunais, 2012. vol. 1.

MARTINS, Maria Inês de Oliveira. *Contrato e seguro e conduta dos sujeitos ligados ao risco*. Coimbra: Almedina, 2018.

MARTINS, Maria Inês de Oliveira. Defendendo o caminho mais trilhado, na demarcação entre o regime de avaliação inicial do risco e do seu agravamento subsequente. *In*: TZIRULNIK, Ernesto et al. (coord.). *Direito do Seguro Contemporâneo*: edição comemorativa dos 20 anos do IBDS. São Paulo: Contracorrente: Roncarati, 2021. vol. 1.

MARTINS, Maria Inês de Oliveira. *A imposição contratual de condutas de controle do risco*: a experiência europeia em diálogo com o ordenamento brasileiro, vigente e prospectivo. São Paulo: Roncarati, 2019.

MARTINS-COSTA, Judith. *A boa-fé no direito privado*: critérios para a sua aplicação. 2. ed. São Paulo: Saraiva, 2018.

MARTINS-COSTA, Judith; XAVIER, Rafael Branco. A cláusula *ensuing loss* nos seguros *all risks*. *In*: TZIRULNIK, Ernesto et al. (coord.). *Direito do Seguro Contemporâneo*: edição comemorativa dos 20 anos do IBDS. São Paulo: Contracorrente: Roncarati, 2021. vol. 2.

MORANDI, Juan Carlos F. *El riesgo en el contrato de seguro*: régimen de las modificaciones que lo agravan. Buenos Aires: Astrea, 1974.

MURIEL, Chagny; PERDRIX, Louis. *Droit des assurances*. 4. ed. Paris: LGDJ, 2018.

NORONHA, João Otávio de. Teoria do interesse no contrato de seguro e a jurisprudência do STJ. *In*: IBDS (coord.). *I congresso Internacional de Direito do Seguro – Conselho da Justiça Federal e do Superior Tribunal de Justiça*: VI Fórum de direito do Seguro "José Sollero Filho". vol. XIII. 1. ed. São Paulo: Roncarati: IBDS, 2015. (Coleção Estudos de Direito do Seguro).

OLIVEIRA, Márcia Cicarelli B. de. *O interesse segurável*. Dissertação (Mestrado em Direito Civil) –Faculdade de Direito, Universidade de São Paulo. São Paulo, 2011.

PETERSEN, Luiza Moreira. *O risco no contrato de seguro*. São Paulo: Roncarati, 2018.

PINTURIER, Gérôme. Assurance Pertes D'exploitation et Coronavirus. Disponível em: https://www.village-justice.com/articles/assurance-pertes--exploitation-coronavirus,34544.html. Acesso em: 23 jul. 2021.

PONTES DE MIRANDA, Francisco C. *Tratado de direito privado*: parte especial. 3. ed. São Paulo: Ed. Revista dos Tribunais, 1984. vol. 45.

QUATREPOINT, Jean-Michel. Em nome da lei americana... *Le Monde Diplomatique – Brasil*, n. 115, 17 abr. 2017. Disponível em: https://diplomatique.org.br/em-nome-da-lei-americana/. Acesso em: 11 ago. 2021.

REALE, Miguel. *Teoria e prática do direito*. São Paulo: Saraiva, 1984.

REGO, Margarida Lima. *Contrato de seguro e terceiros*. Coimbra: Coimbra Ed., 2010.

ROITMAN, Horacio; AGUIRRE, Felipe. *La agravación del riesgo en el contrato de seguro*. 2. ed. Buenos Aires: Abeledo Perrot, 2012.

SANSEVERINO, Paulo de Tarso. Teoria do interesse e interpretação do contrato de seguro. *In*: IBDS (coord.). *I Congresso Internacional de Direito do Seguro – Conselho da Justiça Federal e Superior Tribunal de Justiça*: VI Fórum de Direito do Seguro "José Sollero Filho". vol. XIII. São Paulo: Roncarati: IBDS, 2015. (Col. Estudos de Direito do Seguro).

SCHNEIDER Wolfgang. Industrielle Sachversicherung [Seguro Patrimonial Industrial]. *In*: HÖRA, Knut (Herausgegeben). *M*ünchener Anwalts Handbuch: Versicherungsrecht. 4., überaibertete und erweitete Aufl. München: C. H. Beck, 2017.

STIGLITZ, Rubén; STIGLITZ, Gabriel. *Contrato de seguro*. Buenos Aires: La Rocca, 1988.

THEODORO JÚNIOR, Humberto. O contrato de seguro e a regulação do sinistro. *Revista dos Tribunais*, São Paulo, vol. 94, n. 832, fev. 2005.

TZIRULNIK, Ernesto. No mundo dos seguros a intervenção continua. Disponível em: https://www.jota.info/opiniao-e-analise/artigos/no-mundo-dos-seguros-a-intervencao-continua. Acesso em: 20 jul. 2021.

TZIRULNIK, Ernesto. Parecer sobre seguro de riscos diversos: valores excludentes de infidelidade, ato doloso e cumplicidade. *Revista dos Tribunais*, São Paulo, vol. 725, mar. 1996.

TZIRULNIK, Ernesto. A possível cobertura de lucros cessantes sem danos físicos – Parte 2. Disponível em: https://www.conjur.com.br/2020-jul-29/tzirulnik-cobertura-lucros-cessantes-danos-fisicos-parte2. Acesso em: 11 ago. 2021.

TZIRULNIK, Ernesto. Reflexões sobre o coronavírus e os seguros privados. *In*: WARDE, Walfrido; VALIM, Rafael (coord.). *As consequências da COVID-19 no Direito brasileiro*. São Paulo: Contracorrente, 2020.

TZIRULNIK, Ernesto. Seguro contra todos os riscos (*all risks*) de engenharia. Regulação de sinistro: conceito de dano material. *Revista dos Tribunais*, São Paulo, vol. 827, set. 2004.

TZIRULNIK, Ernesto. *Seguro de riscos de engenharia*: instrumento do desenvolvimento. São Paulo: Roncarati, 2015.

TZIRULNIK, Ernesto. Em torno do interesse segurado e da responsabilidade civil. *In*: IBDS; ESCOLA PAULISTA DE MAGISTRATURA (coord.). *Seguros*: uma questão atual. vol. III. São Paulo: Max Limonad, 2001. (Col. Estudos de Direito do Seguro).

TZIRULNIK, Ernesto; CAVALCANTI, Flávio; PIMENTEL, Ayrton. *O contrato de seguro de acordo com o código civil brasileiro*. vol. XV. São Paulo: Roncarati: IBDS, 2016. (Col. Estudos de Direito do Seguro).

VEIGA COPO, Abel B. *El riesgo en el contrato de seguro*: ensayo dogmático sobre el riesgo. Cizur Menor: Civitas, 2015.

SOBRE O LIVRO

FORMATO: 14 x 21 cm
MANCHA: 10,3 x 17,5 cm
TIPOLOGIA: Coranto 9,5/14
PAPEL: Pólen Soft 80 g/m² (miolo)
Cartão Supremo 300 g/m² (capa)

EQUIPE DE REALIZAÇÃO

EDITORA CONTRACORRENTE

EDITORES
Camila Almeida Janela Valim
Gustavo Marinho de Carvalho
Rafael Valim
Silvio Almeida

COORDENAÇÃO DE PROJETO
Juliana Daglio

REVISÃO TÉCNICA
João Machado

CAPA
Maikon Nery

EQUIPE DE APOIO
Fabiana Celli
Carla Vasconcellos
Fernando Pereira
Lais do Vale
Valéria Pucci
Regina Gomes

EDITORA RONCARATI

EDIÇÃO E COORDENAÇÃO DO PROJETO
Pedro Roncarati

REVISÃO
Armando Olivetti

DIAGRAMAÇÃO E ARTE
Sergio Gzeschnik